Stefan Mesch | Lino Wirag

UNNÜTZES WISSEN FÜR MARVEL NERDS

Stefan Mesch | Lino Wirag

UNNÜTZES WISSEN FÜR MARVEL NERDS

Spannende Fun Facts zu den legendären Comics, Filmen und deinen Lieblingsfiguren

riva

Bibliografische Information der Deutschen Nationalbibliothek
Die Deutsche Nationalbibliothek verzeichnet diese Publikation in der Deutschen Nationalbibliografie. Detaillierte bibliografische Daten sind im Internet über http://dnb.d-nb.de abrufbar.

Für Fragen und Anregungen
info@m-vg.de

Originalausgabe
1. Auflage 2023

Türkenstraße 89
80799 München
Tel.: 089 651285-0
Fax: 089 652096

Redaktion: Philipp Bühler
Umschlaggestaltung: Manuela Amode
Umschlagabbildung: Shutterstock.com/Christos Georghiou, Yuravector, Kate Kalita
Abbildungen Innenteil: Shutterstock.com/Fourleaflover
Satz: feschart print- und webdesign, Michaela Röhler, Leopoldshöhe
Druck: ScandBook, Litauen
Printed in the EU

ISBN Print 978-3-7423-2530-3
ISBN E-Book (PDF) 978-3-7453-2292-7
ISBN E-Book (EPUB, Mobi) 978-3-7453-2293-4

Wir produzieren nachhaltig
www.m-vg.de

Weitere Informationen zum Verlag finden Sie unter

www.rivaverlag.de

Beachten Sie auch unsere weiteren Verlage unter www.m-vg.de

INHALT

Viele Marvel-Filme sind für Menschen ab 12.

Grausamkeit, abwertende Sprache und sexualisierte Gewalt sind Teil der Marvel-Welt(en) – und darum auch hier im Buch ein Thema.

Wichtig: Auch vor Spoilern wird im Buch nicht gewarnt.

Die Marvel-Welt wird immer interessanter – je mehr man über die Figuren weiß.

Denn Wrestling, Seifenopern und Held*innen-Comics sind die drei großen Kunstformen, bei denen die meisten Fans deutlich öfter sagen »Ich liebe Figuren – und ihr Potenzial!« statt »Mich überzeugt vor allem der aktuelle Plot.« (Darum lernen und klauen Soaps, Comics und Wrestling auch so oft und gern voneinander!)

Für uns wäre es leicht, ein drei- oder viermal so dickes Marvel-Buch zu schreiben. Das wäre teurer (und belehrender). Darum zeigen wir – in aller Kürze – was wir spannend finden: an den Figuren, den Kreativen und an Marvels Versuchen, uns immer neu zu überraschen.

Viele Marvel-Comics erscheinen auf Deutsch bei Panini. Wir geben das Jahr an, in dem die Original-Comics in den USA zum ersten Mal erschienen sind.

Uns ist wichtig: Zeichner*innen tragen oft genauso viel oder mehr zu einem Comic bei wie Autor*innen. Im Buch kommen sie etwas zu kurz.

ERSTE HITS

Fast jede Sprechblase, fast jeder Satz in frühen Marvel-Comics endet mit einem Ausrufezeichen! Oft sind es sogar zwei!!

Marvel-Figuren zeigen Gefühle. Sie streiten schnell, sind überfordert und direkt, verunsichert und regen sich auf. Sie sind nervöser, leidenschaftlicher, menschlicher und moderner als fast alle Comic-Held*innen vor ihnen.

»Nov« steht auf dem Cover des Hefts, mit dem alles beginnt: *Fantastic Four* #1 (Text: Stan Lee, Zeichner: Jack Kirby). Schon ab August 1961 werden die 25 Seiten zum Hit – denn das »Cover Date« November ist nur gewählt, damit das Heft im Handel länger frisch und aktuell wirkt.

Für Heldin Susan Storm (Invisible Girl) nimmt Stan Lee seine Frau als Vorlage: die Britin Joan Boocock Lee. Auch Peter Parkers Uni-Freundin und erste große Liebe Gwen Stacy (ab 1965 in den *Spider-Man*-Comics) ist von Joan inspiriert.

Als einzige Frau im jeweiligen Team kämpft bei den Fantastic Four nur Sue Storm, bei den X-Men zuerst nur die Telepathin Jean Grey (Marvel Girl) und bei den Avengers die schrumpfende und fliegende Janet van Dyne (Wasp). Die Hexe Wanda Maximoff (Scarlet Witch) und die Sowjet-Agentin Natasha Romanoff (Black Widow) werden ab 1964 zunächst als Schurkinnen eingeführt.

1965 heiraten Dr. Reed Richards (Mister Fantastic) und Sue Storm. S.H.I.E.L.D.-Agent Nick Fury macht die Security, Tony Stark (Iron Man) ist VIP-Gast, auch die X-Men und viele Avengers feiern mit. Nur Stan Lee und Jack Kirby haben keine Einladung – und kommen darum nicht am Türsteher vorbei. Erzählt wird das in einem Sonderheft, wie es sich viele erfolgreiche Heftreihen einmal im Jahr leisten: *Fantastic Four Annual* #3, 1965.

2007 wiederholt sich die Hochzeits-Szene im Kinofilm *Fantastic Four: Rise of the Silver Surfer.* Auch hier steht Stan Lee nicht auf der Gästeliste und muss gehen. Jack Kirby stirbt schon 1994, hatte aber schon 1979 – lange vor Stan Lees berühmten Cameo-Kurzauftritten – eine Mini-Rolle als Phantombild-Zeichner in der TV-Serie *The Incredible Hulk* (1978 bis 1982).

Sue kann sich selbst unsichtbar machen – und ihre Kleidung. Zuerst ist sie als tragische Figur geplant, die keine Kontrolle darüber hat und deshalb unsichtbar bleibt: Um gesehen zu werden, bräuchte sie Perücken und Gesichtsmasken. Um unentdeckt zu kämpfen, müsste sie nackt sein.

Sues Bruder Johnny (Human Torch) wird in zwei recht unbeliebten Filmen 2005 und 2007 von Chris Evans gespielt. Auf die Hauptrolle in *Captain America* (2011) hat Evans darum zuerst gar keine Lust. Doch 2022 – nach neun Auftritten als Steve Rogers (Cap) – erklärt Evans, er würde lieber neu als Johnny Storm ins Marvel Cinematic Universe zurückkehren, nicht als Steve.

Das Marvel Cinematic Universe (MCU) beginnt 2008 mit *Iron Man* – und bis heute sind Evans' Auftritte als Johnny Storm nicht mit dem MCU verknüpft, gehören also nicht in den »Canon« der MCU-Erzählwelt.

»Kanonisch« sind alle Momente und Szenen, die offiziell »zählen«. Alles, was nie gezählt hat oder heute nicht mehr zählt, liegt außerhalb: »out of continuity«.

Canon in den Marvel-Comics ist: Johnny Storm (Human Torch) ist der engste Helden-Kollege von Peter Parker (Spider-Man); und kurz vor Weihnachten treffen sie sich jedes Jahr an der Freiheitsstatue, um Geschenke zu tauschen.

Die Freiheitsstatue steht auf Liberty Island: Es gibt am Ufer keine hohen Gebäude, von denen sich Peter an seinen Spinnenfäden die 300 Meter übers Wasser schwingen könnte. Als Fans das kritisieren, bessert Autor Dan Slott 2005 im Comic *Spider-Man/Human Torch* #5 den Canon nach: Johnny fragt Peter, wie er die Insel erreicht. Peter sagt, er kralle sich an Fähren, an Hubschrauber oder webe sich ein Floß aus Spinnenfäden.

Details aus alten Comics werden oft nachträglich erklärt oder geändert. Sues und Reeds Hochzeit ist weiterhin Canon. Nur kann das Fest nicht mehr im Jahr 1965 stattgefunden haben – sonst wären die Fantastic Four in aktuellen Heften über 80 Jahre alt.

Peter Parker ist in den Comics von 1962 etwa 15 Jahre alt und hat am 10. August Geburtstag. George W. Bush, Sally Field, Sylvester Stallone und Steven Spielberg sind 1946 geboren und damit eigentlich exakt in Peters Alter. In aktuellen Heften ist Peter aber höchstens Ende 20.

Sue Storm kann Kraftfelder um ihren Körper erzeugen, die das Licht auf eine Weise brechen, die sie unsichtbar macht. Doch weil Fans die Superkraft passiv und nutzlos finden, lernt sie ab *Fantastic Four* #22, die Kraftfelder auch als unsichtbare Mauern, Gefängnisse, Geschosse, fliegende Plattformen oder Löcher und Blockaden zu formen – im Extremfall auch in der Lunge oder im Gehirn von jeder Person in ihrer Nähe.

Superman, Batman und The Flash sind Figuren von Marvels Konkurrent DC Comics und haben 1938 (Superman) und 1939 ihre ersten Auftritte. 1940 folgen Captain America (bei Timely Comics, dem Marvel-Vorläufer), Wonder Woman und Aquaman (beide DC) – und dann 1961 bei Marvel die Fantastic Four, 1962 Hulk, Thor und Spider-Man, 1963 Iron Man, Doctor Strange und die X-Men, 1966 Black Panther, 1974 Wolverine. Recht junge Kultfiguren sind Deadpool (1991) und Harley Quinn (1992, DC).

Aufregend neu an den ersten Marvel-Comics ab 1961 ist, wie schnell und frech Szenen und fremde Figuren aus viel älteren Comics an aktuelle Hefte geknüpft und in den Canon geholt werden. Lange vor Johnny Storm trägt schon eine ganz andere brennende Figur den Namen »Human Torch«: der Roboter Jim Hammond (im Heft *Marvel Comics* #1, 1939 bei Timely Comics).

Marvel Comics #1 ist eine Comic-Anthologie: sieben kurze Geschichten zu sieben Figuren (alles Männer), die nicht miteinander verknüpft sind. Batman hat in Heft 27 der Anthologie *Detective Comics* Premiere; Spider-Man im letzten Heft einer Anthologie, über deren Aus schon entschieden ist und die trotz Spideys Erfolg dann nicht verlängert wird: *Amazing Fantasy* #15 (1962).

1934 heiratet Stan Lees Cousine Jean Davis einen Verleger von Groschenheften und (ab 1939) Comics: Martin Goodman. Stan Lee wird 1939 Assistent bei Goodmans Timely Comics – er ist erst 16 Jahre alt. Lees Karriere beginnt (wörtlich) mit Vetternwirtschaft.

Die Hochzeitsreise von Jean und Martin Goodman führt 1937 durch Europa. Zur Rückreise nach New York nehmen sie das Flugzeug, weil sie im Luftschiff, das sie eigentlich gebucht haben, nicht nebeneinandersitzen können. Bei der Landung in New Jersey fängt das Luftschiff Feuer: 35 von 97 Menschen an Bord der Hindenburg sterben.

Captain America soll zuerst »Super-American« heißen, um Fans von Superman anzusprechen.

Beim Namen »Spider-Man« besteht Stan Lee 1962 (21 Jahre nach Captain Americas Erfolg) auf dem Bindestrich – damit sich das Schriftbild vom Wort »Superman« unterscheidet.

Vorbild für erste Comic-Held*innen sind Sagen-, Roman- und Filmfiguren wie Herkules, Siegfried aus den *Nibelungen,* Robin Hood, Tarzan, Zorro, Meisterdiebe wie Fantomas und Diabolik, maskierte Pulp-Helden wie The Shadow sowie Gewichtheber beziehungsweise »Circus Strongmen«, die oft bunte Kostüme tragen und sich biblische Namen wie Samson und Goliath geben.

Erste Heldinnen sind fast immer weiß und blond. Der brünetten *Jungle Goddess* – ein Kino-Serial in 15 kurzen Episoden, 1922 – und der Neufassung *Queen of the Jungle* (1935) folgen Comics wie *Sheena: Queen of the Jungle* (1938) und *Fantomah: Mystery Woman of the Jungle* (1940, beide nicht von Timely/Marvel). Martin Goodman verlegt ab 1936 Erzählungen zum Tarzan-Abklatsch Ka-Zar, ab 1939 auch *Ka-Zar*-Comics. 1972 erscheinen bei Marvel fünf Hefte *Shanna the She-Devil*.

»Wann hat die erste Marvel-Figur ihren ersten Auftritt?« ist keine leichte Frage. Kauft der Verlag die Rechte an einer bestehenden Figur, darf sie in Comics gezeigt werden. Oft werden die Rechte aber nur für eine Weile lizensiert: Conan, Godzilla und die Transformers gehören zwar jahrelang offiziell zur Erde-616 – der Welt, in der die meisten Marvel-Comics spielen. Doch aktuell dürfen sie dort keine großen Auftritte haben, weil Marvel die Rechte abgab.

Ab 1961 entsteht das »Marvel-Universum« aus immer mehr parallelen Comic-Heftreihen, die zuerst alle zwei Monate erscheinen und deren Geschichten sich verknüpfen. Schnell werden auch Figuren aus alten Timely-Comics neu und weiter erzählt, in aktuelle Comics eingebunden und damit: kanonisch.

Darum startet Marvel 1961 – und andererseits bereits 1939. Erst mit *Fantastic Four* #1 (1961) wird »Marvel Comics« als Verlagsname auf Hefte gedruckt. Dabei arbeitet Stan Lee seit 1939 für die Comic-Reihen von Martin Goodmans Verlag Magazine Management Co. – Reihen, die zuerst als »Timely Comics« erscheinen, dann als »Atlas Comics«, und deren erstes Heft schon 1939 *Marvel Comics* #1 heißt.

Alles aus Heften vor 1961, das Marvel-Autor*innen interessant erscheint, darf nachträglich »zum Marvel-Universum« gehören – teilweise, soweit es denn gerade (halbwegs) passt und je nach Fall, Rechtslage und Figur.

Shanna und Ka-Zar heiraten 1983, im Heft *Ka-Zar* #29 – aber ein Mann aus Timely-Kurzgeschichten von 1936 und eine Frau aus Marvel-Comics ab 1972 … die 1983 im etwa selben Alter sind? Und über deren Hochzeit wir im Jahr 2023 sagen können: »Für die Figuren sind seit der Hochzeitsfeier, gezeigt in einem 40 Jahre alten Heft, etwa acht Jahre vergangen.«?

Komplex und paradox wird das, weil Marvel im Jahr 2023 auch immer wieder Comics veröffentlicht, die das Jahr 1983 erwähnen: Ein Comic 2023 kann zeigen, dass Shanna 1983 noch gar nicht geboren ist. Zugleich sind 2023 Rückblenden »zur Hochzeit damals« möglich, die eine Welt vor kaum acht Jahren zeigen: das Jahr 2015. In Rückblenden kann Ka-Zar ein Smartphone nutzen, das im Original-Comic von 1983 nicht vorkommt: Beides wäre kanonisch und kein Widerspruch.

Die Beatles geben in *Strange Tales* #130 (1964) ein Konzert: Johnny Storm und Ben Grimm (The Thing) laden ihre Freundinnen Doris und Alicia ein. Auch auf Sues Hochzeit 1965 feiern die Beatles mit.

Das MCU nennt oft konkrete Geburtsdaten, und bei allen Filmen und Serien ist recht klar, in welchen Jahren sie spielen. Die »Sliding Timeline« der Comics – alte Ereignisse rutschen mit der Zeit immer näher an die jeweilige Gegenwart – wird so vermieden.

Avengers: Endgame (2019) spielt im Oktober 2023. Bucky Barnes (Winter Soldier) ist im MCU 1917 geboren, Steve Rogers (Captain America) 1918, Carol Danvers (Captain Marvel) 1964, Peter Parker 2001, Kamala Khan (Ms. Marvel) 2008 oder 2009.

In keinem Comic nach 1941 und vor 1965 wird Ka-Zar erwähnt: 1941 hilft er noch Frankreichs Kolonialregime dabei, die U-Boote der Nazis an der Mündung des Kongo zu versenken. 1954 druckt der Verlag lieber Comics über Lo-Zar – einen neuen (weißen) Dschungel-Helden im Kongo. 1965 entdecken die X-Men dann am Südpol das versteckte tropische »Savage Land« (Wildes Land) voller Saurier und Mystik und finden dort einen blonden, Tarzan-haften Mann mit Säbelzahntiger: Ka-Zar.

Ka-Zar in Afrika heißt Danny Rand (geboren 1918): Das Flugzeug von Rands Eltern stürzt im Kongo ab, Rand wird vom Löwen Zar erzogen, »Ka-Zar« heißt »Sohn des Löwen«. Doch Ka-Zar am Südpol ist fast 30 Jahre jünger und heißt Kevin Plunder. Graf Plunder, ein britischer Forscher, wird von Affenwesen im Savage Land getötet, Säbelzahntiger Zabu rettet den Sohn, »Ka-Zar« heißt »Sohn des Tigers«.

Claire Voyant (Black Widow) ist 1940 die erste Comic-Heldin mit Kostüm und Doppel-Identität *und* (!) Superkräften: Die Hellseherin tötet in Satans Auftrag sündige und böse Menschen und schickt ihre Seelen in die Hölle.

The Vision (1940) heißt Aarkus und ist eine Art Polizist aus der Dimension »Smokeworld«. Von einem Forscher zur Erde geholt, kann er unter anderem fliegen, sich teleportieren und alles gefrieren lassen – aber nur, wenn Rauch in der Nähe ist.

1968 will Comic-Autor Roy Thomas, dass The Vision festes Team-Mitglied der Avengers wird. Stan Lee ist dagegen – also erfindet Thomas eine neue Figur: einen Androiden mit dem Namen Vision, der fast die gleichen Farben trägt. Er wird vom bösen Roboter Ultron erbaut, aus dem alten Körper des Androiden Jim Hammond (Human Torch).

Welche 40er-Jahre-Abenteuer der drei erfolgreichsten Timely-Helden (Captain America, Jim Hammond und Namor, Prinz aus Atlantis) sind in Marvel-Comics ab 1961 »wirklich passiert« und kanonisch? 1941, in *Human Torch* #5, kämpfen Hitler und Stalin um die Ukraine. Weil Namor es hasst, dass dabei viele Kriegsschiffe sinken und Namors Unterwasser-Reich verschmutzen, überflutet er Berlin – und als die USA sich einmischen, auch New York.

Weil Namors Fluten Ka-Zars Dschungel bedrohen, lässt Ka-Zar von Affen und Elefanten eine Arche bauen: Alle Tiere retten sich selbst. Heute ist kanonisch: Keine Geschichte aus Comics vor 1961 ist exakt so passiert. Doch viele Held*innen der 40er Jahre sind weiter Canon. Sogar ihre Comic-Hefte existieren im Marvel-Universum, auf Erde-616. Nur sind sie Propaganda der US-Regierung – und darum voller Übertreibungen.

DAS MARVEL CINEMATIC UNIVERSE (MCU)

Die Filme des MCU werden in zusammenhängenden »Phasen« veröffentlicht – die deutlich kürzer werden: Phase 1 dauert von *Iron Man* (2008) bis zum ersten Crossover-Film *The Avengers* (2012), Phase 2 von 2013 bis 15, Phase 3 von 2016 bis 19, Phase 4 nur noch von 2021 bis 22 (2020 ist Corona-Pause). Phase 5 läuft von Februar 2023 bis Herbst 2024. Phase 6 soll 2026 enden, mit dem vierzigsten MCU-Film.

Ab 2022 hat jeder Avenger aus *The Avengers* (2012) eine direkte Nachfolge- oder Alternativ-Figur: Jennifer Walters (She-Hulk statt Hulk), James Rhodes (War Machine statt Iron Man), Yelena Belova (White Widow statt Black Widow?) sowie Kate Bishop als Hawkeye, Jane Foster als Thor und Sam Wilson als Captain America.

Weil Comics viel mehr Männer als Frauen zeigen, ändert das MCU Männer aus den Comics manchmal in weibliche Versionen – Ghost in *Ant-Man and the Wasp* (2018), Mar-Vell in *Captain Marvel* (2019), Taskmaster in *Black Widow* (2021) oder Makkari, Ajak und Sprite in *Eternals* (2021). Auch Cosmo, die Weltraumhündin in *Guardians of the Galaxy,* ist in den Comics ein Rüde (anders als die reale Hündin Laika, 1957 an Bord von Sputnik 2).

Clint Barton (Hawkeye) nutzt in Comics ab 1983 ein fliegendes »Sky-Cycle«, das oft aussieht wie ein Schneemobil. An Neujahr 2023 wird Hawkeye-Darsteller Jeremy Renner von seiner eigenen, 6,5 Tonnen schweren Pistenraupe überrollt und bricht sich über 30 Knochen. Im April 2023 kann er, auf einen Stock gestützt, wieder gehen.

Zwei große (und zahllose kleine) Rollen im MCU nutzen superstarke Arm- und Handprothesen: Bucky Barnes (Winter Soldier) und Mercedes »Misty« Knight (aus *Luke Cage*, kürzer auch in *Defenders*). Weil Darth Vater im zweiten *Star Wars*-Film (1980) Lukes Hand abtrennt, zeigen auch alle sechs MCU-Filme der Phase 2, wie jemand einen Arm oder eine Hand verliert. Bei Yellowjacket in *Ant-Man* (2015) ›zer-schrumpfen‹ erst die Hände, dann der Rest des Schurken.

Ein alternatives Ende, das für *Avengers: Age of Ultron* (2015) gedreht wird, zeigt, dass Pietro Maximoff (Quicksilver) überraschend überlebt hat. In einem neuen Outfit steht er als Mitglied der Avengers neben seiner Schwester Wanda. Wie wäre Wandas Geschichte um Trauma und Verlust (in *WandaVision* und *Doctor Strange* 2) verlaufen, hätte sich Marvel Studios für dieses Ende entschieden?

Ab *Green Lantern* (2011) haben viele DC-Filme Stinger (zu Deutsch: Stacheln oder Stiche): kurze Szenen, die oft nach dem – oder mitten im – Abspann zu sehen sind. Im MCU hat jeder Film außer *Avengers: Endgame* (2019) einen oder mehrere Stinger. Die bisher meisten – fünf! – zeigt *Guardians of the Galaxy* Vol. 2 (2017).

Im Stinger von *The Avengers* (2012) isst Captain America als Einziger keinen Bissen seines Schawarmas: Chris Evans trägt eine Gesichtsprothese – um den Bart zu verdecken, den er für seine Rolle in *Snowpiercer* (2013) behalten muss. Weil die Prothese recht auffällig ist, hält er sich zusätzlich die Hand vors Gesicht.

Captain America: The Winter Soldier (2014) kommt im deutschsprachigen Raum als *The Return of the First Avenger* ins Kino. Nachfolger *Captain America: Civil War* (2016) läuft als *The First Avenger: Civil War.* Teil 1 darf 2011 den Originaltitel noch behalten *(Captain America: The First Avenger)*, wird aber in Südkorea, Russland und der Ukraine nur als *The First Avenger* veröffentlicht – aus Angst, dass »Captain America« vor Ort als hurrapatriotisch und kulturimperialistisch empfunden wird.

Drehbuchautor Eric Pearson bemerkt am Set von *Black Widow* (2021), wie sich Florence Pugh über die »lächerlichen« Kampfposen lustig macht, die Scarlett Johansson im MCU oft einnehmen muss. Darum nimmt er mehrere neue Momente ins Drehbuch auf, in denen Yelena (Pugh) Natasha (Johansson) wegen ihres – angeblich absichtlichen – Posierens verspottet.

In der Internet Movie Database (IMDb) sind *Thor: Love and Thunder* (2022) und *Ant-Man and the Wasp: Quantumania* (2023) die MCU-Filme, die aktuell von Nutzer*innen am schlechtesten bewertet werden. Bei Marvel-Serien haben, so das Portal Metacritic, aktuell *Inhumans* und *Iron Fist* (beide 2017) sowie *Helstrom* (2020) die schlechtesten Presse-Kritiken.

Die besten MCU-Filme laut IMDb sind zurzeit *Avengers: Infinity War* (2018) und *Avengers: Endgame* (2019). Beide spielen über 2 Milliarden Dollar ein und sind damit zugleich die bisher erfolgreichsten MCU-Filme. Die Presse lobt – laut Metacritic – die MCU-Serien *Legion* (2017), *WandaVision* (2021), *Jessica Jones* (2015) sowie die Doku-Reihe *Marvel's 616* (2021).

Fünf Kurzfilme aus dem MCU (*Marvel One-Shots*, 2011 bis 2014) zeigen in drei bis fünfzehn Minuten vor allem S.H.I.E.L.D.-Figuren wie Phil Coulson oder Peggy Carter beim Meistern kleiner Krisen. In *All Hail the King* (2014) streichelt ein Mithäftling Aldrich Killians Nacken: Killians »Not here, baby« (»Nicht hier« vor der Kamera, »Schatz«) gilt als erster direkt queerer Moment im MCU.

Wer sich eine Beziehung (Relationship) zwischen Figuren wünscht, findet online Fan-Art und Fanfiction via Shipping-Hashtags wie #Shuriri (Shuri und Riri), #FitzSimmons (Fitz und Simmons), #PepperOny (Pepper und Tony), #DrPepper (Pepper und Bruce), #IronHusbands (James Rhodes und Tony) und – am populärsten – #Stucky (Steve und Bucky). Brie Larson und Tessa Thompson mögen die Idee, dass ihre Figuren ein Paar werden: #ValCarol (Valkyrie und Captain Marvel). Sonys Film *Venom* hat 2018 auch durch den Hashtag #Symbrock (Eddie Brock und der Venom-Symbiont) online viel Resonanz.

Shang-Chi (2021) ist der erste MCU-Film mit großteils asiatischer Besetzung und einer asiatischen Figur als großer Haupt- und Titelrolle. Etwa ein Viertel der Dialoge wird auf Mandarin gesprochen und fürs Publikum untertitelt. Der erste Satz auf Englisch (oder Deutsch) fällt nach etwa zehn Minuten.

In *Shang-Chi* sorgt Morris für lustige Szenen: ein Flausch-Wesen mit sechs Beinen und vier Flügeln, das auf Hundun basiert – einem Gott des Ursprungs und des ungeformten Chaos', so vorzeitlich, dass er noch keine Körperöffnungen (und kein Gesicht) hat. Regisseur Destin Daniel Cretton und Drehbuchautor Dave Callaham sind anfangs unsicher, ob es die Figur in den fertigen Film schafft ... und schließen eine Wette ab. Als Morris (benannt nach Crettons Hund) bleibt, muss sich Callaham ein Morris-Tattoo stechen lassen.

Spider-Man: No Way Home (2021) darf nur in chinesische Kinos, wenn die Freiheitsstatue nicht gezeigt wird. Die Statue bekommt im Film eine Ergänzung (Captain Americas Schild) und ist als Handlungsort so präsent, dass Sony sich weigert, sie für die chinesische Fassung digital zu entfernen.

Zwischen September 2019 und Januar 2023 erlaubt China den Kinostart keines einzigen MCU-Films: *Black Widow, No Way Home, Eternals, Shang-Chi, Doctor Strange 2* und *Thor: Love and Thunder* werden von den chinesischen Behörden gesperrt. Weitere Gründe nennt China nicht. *Eternals*-Regisseurin Chloé Zhao hat China 2013 in einem Interview kritisiert. Saudi-Arabien und Ägypten verbieten *Doctor Strange 2,* weil Heldin America Chavez mit zwei Müttern aufwächst.

Seit 1999 liegen die Rechte an Spider-Man (und Figuren wie Venom und Carnage) bei Sony: Spidey darf zwar ab 2016 im MCU auftreten – doch jeweils nur in Absprache mit Sony. 1993 bis 2019 liegen die Rechte an den X-Men (und damit auch an Wolverine und anderen Mutant*innen) bei Fox. Doch weil Scarlet Witch Mutantin ist, aber aus *Avengers*-Comics stammt und nicht aus *X-Men,* teilen sich Fox und Marvel die Rechte.

Erst seit *Ms. Marvel* (2022) fällt das Wort »Mutant*in« im MCU. Davor werden Figuren oft nur »gifted« (begabt) genannt. Auch alle Marvel-Comics zeigen statt der X-Men von 2013 bis 2017 so oft wie möglich die Inhumans – denn erst 2019 übernimmt Disney Fox und hat damit die Filmrechte an den X-Men und am Begriff »Mutant*in« zurück.

Die Rechte an *Fantastic Four* gehen 1986 an die deutsche Constantin Film, von dort 2004 an Fox und sind seit 2019 zurück bei Marvel/Disney. Lionsgate hat 2004 bis 2010 die Rechte an Punisher und an Man-Thing (ein Film von 2005 erhält vernichtende Kritiken). Sony und Disney teilen sich die Rechte für die Figur Kingpin. Fox und Disney teilen sich (bis 2019) die Skrulls. Und weil Universal noch heute die Vertriebsrechte für neue Filme mit Hulk in der Titelrolle hat, gibt es seit 2008 keinen (Solo-)Film über die Figur: Disney müsste zu viel Gewinn abgeben.

Erst ab Phase 4 können Schauspieler*innen im MCU etwas flexibler entscheiden, in welchen Filmen und Serien sie dabei sein wollen: 2009 muss Samuel L. Jackson noch für neun Filme im Voraus fest zusagen. 2010 soll Chris Evans für zehn Filme unterschreiben, will aber fürs erste nur sechs. Stars wie Joaquin Phoenix haben darum MCU-Rollen abgelehnt.

Disneys Filmverleih will 53 Prozent der Einnahmen aus jedem Kinoticket, das für *Avengers: Age of Ultron* (2015) verkauft wird. Das ist so viel, dass 686 Kinos (»in 193 Orten Deutschlands«) den Film boykottieren – denn zuvor hat Disney immer 48 Prozent verlangt.

2021 wehrt sich Scarlett Johansson gegen Disneys Corona-Vorsichtsmaßnahme, *Black Widow* zwar im Kino, doch auch auf der Streaming-Plattform Disney+ anzubieten: Dies schmälere die Erlöse – und damit auch ihre eigenen Einnahmen (Johansson ist prozentual am Gewinn des Films beteiligt; wie zuvor schon Robert Downey Jr. ab spätestens 2012). Nach wenigen Wochen einigt man sich … auf einen nicht-öffentlichen Betrag in Millionenhöhe.

Schlechter sieht es für viele Kreative aus, die Marvel-Comics zeichnen oder schreiben, die – manchmal Jahrzehnte später – zur Grundlage für weltbekannte Filme und Serien werden. 2021 macht die britische Zeitung *The Guardian* öffentlich: Da die Rechte längst abgetreten sind, gibt es von Marvel (und DC) einen pauschalen Scheck über 5000 Dollar, falls eine Figur oder Storyline eine wichtige Rolle spielt.

Sam Thielman erklärt im *Guardian*, dass Autor Ed Brubaker und Zeichner Steve Epting im Smoking zur Premierenfeier von *The Winter Soldier* (2014) kommen – einem Film, der direkt auf ihren Comics basiert. Man sagt ihnen, dass sie nicht auf der Gästeliste stehen; und Brubaker muss Sebastian Stan (der im Film ihre Version von Bucky Barnes spielt) eine Textnachricht schicken, damit er sie einlässt.

Autorin Kelly Sue DeConnick hat einen Cameo-Kurzauftritt im Film *Captain Marvel* (2018). Doch weil Marvel viel mehr Männer beschäftigt, zeigen Marvel-Cameos meist Zeichner und Autoren wie Walt Simonson, Frank Miller, Chris Claremont, Len Wein (und Ed Brubaker in *The Winter Soldier*).

Devin Grayson, Erfinderin von Yelena Belova, ist in *Black Widow* nicht zu sehen und nennt ihren 5000-Dollar-Scheck »Low Blow« (Tiefschlag).

Weil *Black Widow* auch zum deutschen Kinostart zeitgleich für 22 Euro auf Disney+ gesehen werden kann, boykottieren die Kinoketten Astor, Cineplex, Filmpalast und Kinopolis den Film.

Deborah Ann Woll spielt in *Daredevil* (2015 bis 18) und weiteren Marvel-Serien auf Netflix Karen Page. Ihr Mann E. J. Scott ist durch die seltene Erbkrankheit CHM nahezu blind. Zur Premiere 2015 trägt er einen Anzug und eine rot getönte Sonnenbrille wie der Anwalt Matt Murdock – und darunter Matts rotes DD-Kostüm.

Zum Start von *Daredevil* fragen (nicht nur) Menschen mit Sehbehinderung, warum Netflix keine Audiodeskription anbietet: Netflix hat 2015 zu keinem einzigen Video eine beschreibende Tonspur, die es erleichtert, der Handlung zu folgen. Heute hat jede Netflix-Eigenproduktion diese Spur; und schon 2003 erscheint auch die DVD zum *Daredevil*-Film auf Wunsch einiger Crewmitglieder mit dem damals noch ungewöhnlichen Extra.

Der Inhuman Joey Gutierrez (sechs Folgen in *Agents of S.H.I.E.L.D.*) ist 2015 die erste schwule Figur im MCU. Nur Wochen später folgt die lesbische Anwältin Jeri Hogarth (39 Folgen in Netflix-Serien, 34 davon in *Jessica Jones*). *Eternals* (2021) zeigt die erste Sex-Szene und den ersten gleichgeschlechtlichen Kuss im MCU. In *Endgame* (2019) spielt Regisseur Joe Russo einen queeren Mann in der Selbsthilfegruppe von Steves Rogers: Fünf Jahre nach Thanos' Fingerschnipp hat die namenlose Figur zum ersten Mal wieder ein Date.

Erst ab *Captain Marvel* (2018, Anna Boden im Team mit Ryan Fleck) haben MCU-Filme auch Regisseurinnen. Patty Jenkins (*Wonder Woman*, 2017) bricht 2011 die Regie von *Thor 2* ab.

Nia Dacosta (*The Marvels,* 2023) ist die bislang jüngste Kino-Regisseurin im MCU: geboren 1989. Melissa Rosenberg (*Dexter, Twilight*) wird als Showrunnerin für *Jessica Jones* gefeiert – doch alle MCU-Serien bei Disney+ haben nur noch »Head Writers«. Wer schon erfolgreich Showrunner*in war, empfindet »Head Writer« als Schritt zurück.

»Mich hat wirklich gestört«, sagt Anthony Mackie (er spielt Sam Wilson) 2020 im Gespräch mit Journalist Zack Sharf, »dass ich in sieben MCU-Filmen bin, bei denen jede Person, die produziert hat, die Regie geführt hat, die Stunts gemacht hat, die Kostüme gestaltet hat, jede Produktionsassistenz, einfach jede Person weiß war.«

DIE 40ER

Erst im Dezember 1941 erklärt Deutschland den USA den Krieg (weil die USA Japan den Krieg erklären, nachdem Japan Pearl Harbor bombardiert). *Captain America* #1 ist schon ab 20. Dezember 1940 im Handel: Joe Simon (Autor) und Jack Kirby (Zeichner) sind jüdisch und verachten Nazis. Doch das Cover des Hefts, auf dem eine US-Symbolfigur – wie eine zum Mann und zum Helden gewordene Landesflagge – Adolf Hitler zu Boden boxt, wird in den USA fast ein Jahr lang diskutiert wie ab 2022 in Europa Karikaturen gegen Putin: Ist ›Frieden‹ nicht wichtiger?

Captain Americas Schild ist in Heft 1 geformt wie ein Wappen – sieht damit jedoch dem Kostüm der Figur The Shield (schon ab Januar 1940 in *Pep Comics* #1) zu ähnlich. Der Schild wird rund, weil der Verlag MLJ – später bekannt durch *Archie* und andere Figuren rund um die Kleinstadt Riverdale – mit Klage droht. Timely seinerseits droht später dem Filmstudio Republic Pictures mit Klage, als Cap in der *Captain America*-Filmreihe (1944) keine Kräfte und keinen Schild hat, Schusswaffen nutzt und nicht mehr Soldat Steve Rogers ist, sondern Staatsanwalt Grant Gardner: Republic nahm ein ungenutztes altes Drehbuch – geplant wohl als Teil 2 von *Mysterious Doctor Satan* (1940).

Besonders ab 1937, als Japan China angreift, werden asiatische Figuren fürs US-Publikum oft möglichst rassistisch gezeichnet: Japaner Kato ist als Chauffeur und Sidekick des maskierten Helden Green Hornet zwar ein Gegenbeispiel – ab 1936 im Radio, ab 1940 in Comics und im Kino. Doch von 1939 bis 45 wird Katos Herkunft nicht mehr erwähnt (oder geändert: zu Koreaner oder Filipino). In *Captain America* #42 (1944) sprengen Cap und Sidekick Bucky einen Pazifik-Tunnel, durch den gerade eine Million japanischer Soldaten die USA erreichen wollen. Alle ertrinken.

Warum so viele jüdische Kreative jahrzehntelang nur bei Comic- und Pulp-Verlagen Anstellung finden, erklärt *Die unglaublichen Abenteuer von Kavalier & Clay* (Michael Chabon, 2000), ein warmherziger Roman über Duos wie Jack Kirby/Joe Simon und Jerry Siegel/Joe Shuster (Superman). Auch Chabons Essay darüber, wie ihm Jack Kirbys Kriegerin Big Barda (DC) sexuell imponiert, lohnt sich: »A Woman of Valor« (2004).

Seit dem April-Heft 1940 hat Batman Hilfe vom Waisenkind Dick Grayson (Robin, benannt nach Robin Hood). Durch solche Sidekicks zeigen Comics nicht mehr nur, wer die Zielgruppe gern wäre (starke Männer!), sondern bilden auch die Leserschaft direkt ab. Human Torch und Captain America haben von Anfang an Sidekicks: Toro (»The Flaming Kid«) und den höchstens 15 Jahre alten James Buchanan »Bucky« Barnes. Toro, Bucky und drei Jungs ohne Kräfte (darunter Whitewash Jones, gezeichnet im rassistischen Minstrel-Stil) sind die patriotischen »Sentinels of Liberty« und haben bald ihre eigene Reihe *Young Allies* (20 Hefte, 1941 bis 46).

Captain America boxt Hitler nur auf dem Cover – die Comics selbst zeigen keinen direkten Kampf. In *Young Allies* aber verprügeln die Kinder Hitler (Heft 6) und später auch Mussolini und Hideki Tojo. Ab 1953 zeigen Comics (als Rückblick), wie Human Torch Hitler 1945 im Führerbunker anzündet. In Comics ab 2009 sagt Bucky, er hätte Hitler erschossen: ein Scherz oder Fehler der Autoren. Ab 1963 zeigen Comics auch wechselnde Hitler-Klone namens Hate-Monger (erschaffen vom Schweizer Arnim Zola), in denen Hitlers Bewusstsein und Erinnerungen weiterleben.

1944 wird die patriotische Timely-/Marvel-Heldin Miss America (nach Wonder Woman und Sheena) die dritte Heldin mit eigener Heftreihe: 126 Hefte. 1946 zeigen zwei kurze Comic-Kapitel das erste große Team bei Timely, das »All-Winners Squad«: Miss America, Cap und Bucky, Human Torch und das brennende Kind Toro, Prinz Namor und der superschnelle Whizzer. In neuen Comics ab 1969 wird nachträglich auch das Team »Invaders« in die Zeit des Zweiten Weltkriegs gedichtet: Cap, Namor, Human Torch und wechselnde Figuren an der Front. Auch der Weltkriegs-Comic *Sgt. Fury and his Howling Commandos* spielt hier, erscheint allerdings erst später (1963 bis 81).

Der erste kurze Comic zur reichen Erbin Madeline Joyce (Miss America) erscheint schon 1943 im Anthologie-Heft *Marvel Mystery Comics*. Sonst kommen dort nur Männer vor – doch nach Kriegsende werden Comics über junge Frauen erfolgreich. Darum hat Cap statt Bucky kurz Betsy Ross (Golden Girl) als Sidekick und Human Torch seine Sekretärin Mary Mitchell (Sun Girl) statt Toro; Namor hat ab 1947 Hilfe von Namora. Louise Grant (Blonde Phantom), Sekretärin eines Detektivs, sowie die Göttin Venus haben eigene Comics. Auch Betty Barstow (Silver Scorpion) ist Sekretärin eines Detektivs – und kann Jiu-Jitsu!

Zeichnerin Ruth Atkinson erfindet die junge Alltagsheldin Patsy Walker (1944, mit Autor Otto Binder) und zeichnet Heft 1 von *Millie the Model* (207 Hefte, 1945 bis 73). Auch Timelys *Tessie the Typist* (1944) und *Nellie the Nurse* (1945) sind kurz populär. In Comics ab 1975 hat Patsy Superkräfte und nennt sich Hellcat. Die alten Comics, wird nachträglich erklärt, hat Patsys Mutter erfunden, um mit dem Jugend-Alltag ihrer Tochter Geld zu verdienen.

Peggy Carter ist keine Figur aus Comics der 40er Jahre. Erst ab 1966 zeigen Comics die Agentin Sharon Carter, eine Kollegin von Nick Fury. Steve Rogers merkt: Sharon sieht seiner vorher nie erwähnten großen Liebe aus dem Zweiten Weltkrieg ähnlich. Erst 1973 geben Comics dieser älteren Schwester von Sharon den Namen Peggy. Doch weil Sharon eine junge Figur in der Gegenwart ist, Peggy eine Resistance-Kämpferin bis 1945, ist Peggy bald Sharons alte Tante, dann Sharons uralte Großtante. Die »aktuellen« Jahreszahlen in Comics der Gegenwart (zum Beispiel auf Grabsteinen) sind bei Marvel schnell überholt und nicht mehr Canon. Peggys Jahreszahlen sind fest: Jeder Marvel-Comic ab 1961 spielt meist »in der Gegenwart« – im Jahr, in dem er erscheint. Doch jeder circa 50 Jahre alte Marvel-Comic liegt meist nur circa zehn Jahre in der Vergangenheit.

Stan Lee schreibt ab 1941 Comics über den US-Journalisten Keen Marlow (Destroyer). Der Held sabotiert Nazis in Deutschland, verliebt sich in die deutsche Widerständlerin Florence von Banger und hat ab *Mystic Comics* #6 etwa 40 Auftritte. Schon im zweiten Comic (September 1941) muss Marlow in ein Konzentrationslager. Deutsche sagen Sätze wie »Ach du lieber« oder »Und now: der End of der Destroyer«, Goebbels wird »Goebbles« geschrieben und Hitler weint »Nobody does what I tel them anymore. Nobody loffs me.« (»Niemand macht noch, was ich sage. Niemand liebt mich.«) und spielt dauernd Hi-Li (Paddle-Ball: ein Ball, via Gummiband an einem kleinen Schläger befestigt).

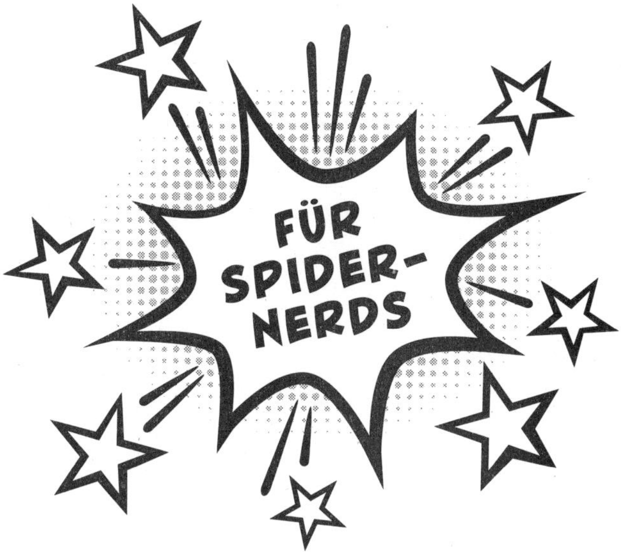
FÜR SPIDER-NERDS

Bis 2019 hat Spider-Man Auftritte in über 4200 Marvel-Comics. Captain America wird in gut 3500 Heften gezeigt, Wolverine in 3100, Iron Man in 3250, Thor in 2350, Ben Grimm (Thing) in 2250, Hulk in 2100 und die X-Men Beast und Cyclops in je 1950.

Keine Frau erreicht die Top 10 – doch unter den zehn häufigsten Frauen ist Mary Jane Watson, Peters größte Liebe, die einzige Figur (meist) ohne Superkraft: Storm hat 1900 Auftritte, Invisible Woman 1800, Captain Marvel und Scarlet Witch je 1400, Wasp 1300, Jean Grey und Back Widow je 1250, She-Hulk 1200, Mary Jane 1150, Katherine »Kitty« Pryde nur minimal weniger.

Mystique ist Mutantin, oft eher Antiheldin – und die einzige Frau auf der Liste der häufigsten Schurk*innen. Doctor Doom hat 830 Auftritte, Magneto 820, Norman Osborn und/oder Green Goblin 600, Kingpin 530, Sabretooth und Loki je 500, Galactus und Mystique je 460, Doctor Octopus 440, Thanos 410.

Sensational She-Hulk #37 (1992) zeigt drei beliebte männliche Helden auf dem Cover: »Wolverine, The Punisher, Spider-Man starring on this issue«. Doch darunter zwinkert She-Hulk: »Nirgendwo steht, dass sie drinnen im Heft große Rollen spielen!« Auf dem Cover von *X-Force* #120 (2001) sagt Wolverine direkt: »Ich mache das nur, damit sich die Verkäufe erhöhen.« (Im Heft wird gezeigt, dass er dem Team X-Force für ein PR-Video hilft.)

Nostalgische Comics als leichter Einstieg? *Spider-Man: Life Story* (2019) ist altbacken gezeichnet und erzählt, aber recht beliebt. Gwen Stacy wird in sechs Heften *Spider-Man: Blue* (2003) ein wenig vorgestellt, Meisterdiebin Felicia Hardy in *Spider-Man: The Black Cat Strikes* (2020).

Barack Obama (geboren 1961) empfiehlt jedes Jahr circa zwölf Bücher, 2022 auch den Comic *Ducks* von Kate Beaton. Ein Marvel-Comic war noch nie dabei. Doch als Kind mag er *Spider-Man* und *Conan*; und 2009, eine Woche vor der Vereidigung als US-Präsident, erscheint ein Heft, in dem Chameleon (ein Schurke) Obama einsperrt und ersetzen will: *Spidey meets the President* (*The Amazing Spider-Man* #583) wird zum Bestseller.

Superman hat Lois Lane, Lana Lang und Lex Luthor. Stan Lee glaubt, dass er sich Namen in diesem Stil gut merken kann – doch in *Spider-Man* #1 (1963) nennt er Peter Parker »Peter Palmer« und in *Fantastic Four* #25 (1964) Bruce Banner (Hulk) »Bob Banner«. Lee erklärt den Patzer, indem er rückwirkend (retroaktiv) die »Continuity« ändert: Bruce heißt mit vollem Namen »Robert Bruce Banner«. Ein »Retcon«-Trick: *retroactive continuity*.

Im Crossover *Spider-Island* (2011) zeigen 35 Hefte aus parallelen monatlichen Heftreihen, wie ganz Manhattan Spideys Kräfte entwickelt. Fans nennen solche »Event«-Mehrteiler »Batfamily-Crossover« – weil sie Reihen verknüpfen, die Gemeinsamkeiten haben, zum Beispiel Weltall-Figuren, Figuren in Hell's Kitchen oder bei DC Heftreihen wie *Batman, Robin, Batgirl* und *Batwoman*.

Ab *Secret Wars* (1984) »baut« und »knüpft« Marvel mindestens einmal im Jahr (meist im Sommer) ein großes Event, dessen Folgen in möglichst vielen monatlichen Reihen spür- und sichtbar sind. Sechs Hefte *Avengers Disassembled* (2004) sind zwar trostlos – aber die Basis fürs beliebte Event *House of M* (2005): Wer sieht, wie Wanda (Scarlet Witch) aus Wut die Kräfte fast aller Mutant*innen fort-hext, hat folgend mehr Spaß an *Young Avengers* (2005) und *The Children's Crusade* (2010).

Wer die ersten Marvel-Comics verpasst hat, kann ab 1964 in dicken *Marvel Tales*-Heften vorige Geschichten als Nachdruck lesen. Spidey ist dabei so gefragt, dass er ab Heft 28 bis zum Ende der Reihe 1994 in jedem Heft vorkommt. Weil fast nur weiße Figuren gezeigt werden, gibt Kolorist Andy Yanchus in den 80er Jahren manchmal Rand- und Hintergrundfiguren dunklere Hauttöne als im Original.

Als Peter im Film *Spider-Man* (2002) auf einem Hochhausdach übt, Fäden aus Drüsen am Handgelenk zu schießen, ruft er »Up, up and away, web!« und »Shazam!«. Das Zauberwort »Shazam!« verwandelt das Schulkind Billy Batson in den erwachsenen Helden Captain Marvel (DC); und Superman (DC) kündigt einen Abflug oft mit »Up, up and away« an.

Als eine ältere Nachbarin Tante May sagt, Mays Neffe solle unbedingt ihre Nichte kennen lernen, denkt Peter, bei seinem Glück »sieht die bestimmt aus wie der Hulk« und schiebt das »Blind Date« zu viert auf – von Heft 15 (1964) bis Heft 42, Ende 1966. »Face it, tiger ... You just hit the jackpot!« sagt das Party-Girl und Model Mary Jane forsch, ironisch, albern – als sie sieht, wie überrascht Peter ist: »Da kuck, Tiger. Du hast den Hauptgewinn erwischt!«

Im Film *Spider-Man* (2002) sagt Mary Jane »I better run, tiger« (weil sie schnell los will, aus dem Regen), in *Spider-Man 2* (2004) »Go get 'em, tiger« (»Schnapp sie dir!«, denn irgendwo jault eine Polizeisirene). Ab dem Comic *Mary Jane & Black Cat* (2022) hat Mary Jane selbst Kräfte – die jedes Mal wechseln wie die Symbole in drei Slots eines Spielautomaten: Sie nennt sich »Jackpot«.

In *Secret Wars* (1985) denkt Peter auf dem Planeten Battleworld, ein Automat schenke ihm ein schwarzes Kostüm. Das Outfit ist ein Alien-Parasit – und wird die beliebteste neue Schurken-Figur der 80er und 90er: Venom. Wer Wirt*in wird für Symbiont*innen wie Venom, wird launisch – oder mörderisch.

750 Millionen Menschen sehen im Juli 1981 die Hochzeit von Prinz Charles und Diana Spencer – also wollen auch Soaps und Comics mit ›Traumhochzeiten‹ punkten. Bis heute hat keine Soap-Folge bessere US-Quoten als das Ja-Wort von Luke und Laura (*General Hospital*, November 1981: 30 Millionen). Comics zu Erde-616 zeigen Peter und Mary Jane von 1987 bis 2007 als Ehepaar.

1987 heiraten Mary Jane und ein maskierter Spider-Man nicht nur in den Comics, sondern auch bei einem Baseball-Spiel im Shea Stadium (Queens) – eine PR-Aktion mit Stan Lee als Redner und den Figuren Hulk, Doctor Doom, Captain America, Green Goblin, Iceman und Firestar. Schon 1980 treten Spidey, Ben Grimm, Green Goblin, Hulk, Spider-Woman und Cap (gespielt von Jonathan Frakes, später Riker in *Star Trek*) in Comic-Shops auf und mit Stan Lee im Weißen Haus, für eine »Junge Leute sollten Energie sparen!«-Kampagne des US-Präsidenten Jimmy Carter (denn Rohöl ist 1979 und 80 sehr teuer).

Die CIA-Agentin Mary Parker hat eine Schwägerin namens Maybelle »May« Parker. Marys Sohn Peter heiratet Mary Jane Watson. Auf Erde-982 (dem »Marvel: MC2«-Universum ab 1998) haben sie eine Tochter, benannt nach Tante May: May »Mayday« Parker. Auf Erde-18119 (in *Spider-Man: Renew your Vows* ab 2015) haben sie eine andere Tochter, benannt nach Tante May und Mary Janes Tante Anna: Anna-May.

Mutantin Angelica Jones (Firestar) wird für die Trickserie *Spider-Man and his Amazing Friends* (1981) erfunden: Human Torch, Iceman und Spidey sollen als College-Freunde und Mitbewohner gezeigt werden. Doch die Filmrechte an Johnny Storm (Human Torch) liegen ab 1977 bei Universal: Darum zeigt auch die Trickserie *The New Fantastic Four* (1978) den Roboter H.E.R.B.I.E. statt Johnny. In Comics sagt Johnny, er sei in der Serie nicht zu sehen, weil er unterwegs war, als der Rest des Teams den Vertrag der TV-Firma unterschrieben hat.

Pavitr Prabhakar ist Waise und lebt mit Auntie Maya und Uncle Bhim in Mumbai. Vier Hefte *Spider-Man: India* (2004) sind weder in Indien (Klischees und schlechte Zeichnungen) noch im Westen beliebt (einfallsloser Aufguss: Meera Jain statt Mary Jane) – doch der grandiose Film *Across the Spider-Verse* (2023) zeigt Pavitr viel charismatischer und fragt (endlich mal!), warum ganz verschiedene Spidey-Varianten überall im Multiversum Ähnliches erleben.

Dan Slott, geboren 1967, schreibt schon ab 1991 für Marvel. Als Autor des PC-Spiels *Spider-Man: Shattered Dimensions* (2010) zeigt er vier Spidey-Varianten: Miguel O'Hara aus dem Jahr 2099 sowie Peter Parker (Erde-616), Peter Parker (Erde-1610) und Peter Parker (Spider-Man Noir).

Kurz darauf wird Slott Autor der *Spider-Man*-Heftreihe. Sein ›Batfamily Crossover‹ *Spider-Verse* (2014) liefert die Grundidee für den tollen Animationsfilm *Spider-Man: Into the Spider-Verse* (2018) und den recht guten MCU-Film *Spider-Man: No Way Home* (2021).

»Hautfarben« und »Menschenrassen« – das sind rassistische Schubladen. Wer hört »Du bist schwarz«, sagt darum oft: »Ich werde eingeteilt und *rassifiziert*. Um zu markieren, dass es hier nicht um Farbtöne von Haut geht, sondern um gesellschaftliche Schranken und Labels, sage ich: Ich bin Schwarz. Mit großem S!« Darum sind Sätze wie »Miles Morales (Spider-Man) ist schwarz: ein Afro-Amerikaner« nicht falsch. Doch stärker finden viele Schwarze Menschen: »Miles ist ein Schwarzer Held. Miles' Vater ist Schwarz.«

Miles' Mutter Rio hat Familie in Puerto Rico und sagt: »Ich bin Latina.« Im Comic *Latinx and Proud* (aus *Marvel Voices: Comunidades*, 2021) erklärt Anya Corazon (Spider-Girl) im Gespräch mit Rio: »Latina« und »Latino«, das bildet nur Frauen und Männer sprachlich ab. »Latinx« denkt alle denkbaren Geschlechter mit. Miles ist Schwarz, Latino – und, falls er das Wort für sich benutzen will: ein Held, der (auch) die Latinx-Community repräsentiert.

In *Ultimate Fallout* #4 (2011) ist Miles 13 Jahre alt: Der Comic spielt auf Erde-1610 (statt Erde-616), die 1610-Variante von Peter Parker stirbt mit 16 Jahren, und 26 tolle Miles-Morales-Hefte von Autor Brian Michael Bendis machen oft traurig – denn auch Marvels bekannteste Comic-Welt (616) braucht dringend mehr Diversity und sorgfältig erzählte Teenager. Ab *Ultimate End* #5 (2015) lebt Miles auf Erde-616.

Zwei Gründe für die neue Figur: Barack Obamas Wahlerfolg (2008) und Fans von jungen Schwarzen Schauspielern wie Donald Glover (*Community*, ab 2009), die darauf hoffen, dass der angekündigte Film *Amazing Spider-Man* einen Schwarzen Spidey zeigt. Am Ende spielen zwei recht müde Schema-F-Filme mit Andrew Garfield (2012, 2014) etwas weniger ein als die Maguire-Filme (2002, 2004, 2007) sowie Tom Hollands MCU-Filme ab 2017.

»Du bist aus Queens. Hilfst vielen armen Menschen«, hört Andrew Garfields Spidey in *No Way Home* (2021) vom Schwarzen Schurken Electro: »Ich hab nur immer gedacht, du bist schwarz.« – »Oh Mann, tut mir leid.« – »Du brauchst dich nicht zu entschuldigen. Es gibt bestimmt irgendwo nen schwarzen Spider-Man.«

Ab 1988 wird Todd McFarlane zum Star-Zeichner. Berühmt sind Peters Spinnenfäden – bei ihm gezeichnet wie komplex gezwirbelte Spaghetti. 1992 gründet er mit Erik Larsen, Jim Lee, Rob Liefeld, Whilce Portacio, Marc Silvestri und Jim Valentino (alle zeichnen für Marvel) Image Comics – einen Verlag, bei dem Kreative die Rechte an ihren Figuren behalten. McFarlanes Held Al Simmons (*Spawn*, bisher 344 Hefte ab 1992) ist Schwarz, doch die Spawn-Maske bedeckt die Haut komplett.

Miles' Schuhe in den *Spider-Verse*-Filmen sind ein bezahltes Product Placement (Nike Air Jordan 1). Doch Miles' Hoodie soll Trayvon Martin ehren, der mit 17 (2012) auf dem Nachhauseweg von einem Wachmann gejagt und erschossen wird. Auch Luke Cage wird darum in der MCU-Serie (2016) im Kapuzenpulli gezeigt. Eine Wachfrau, die einen Schwarzen Teenager tötet, wird in *Daredevil* #31 (September 2013) freigesprochen – wie im Juli 2013 der reale Wachmann.

Autor Brian Michael Bendis ist selbst nicht Schwarz. Er erfindet: Miles' Vater heißt Jefferson Davis und ist Polizist. Der reale Jefferson Davis, Präsident der US-Südstaaten, kämpft 1861 für das Recht, Sklav*innen zu halten.

Fantastic Four #52 zeigt 1966 die neue Figur Black Panther auf dem Heftcover im Ganzkörperkostüm, das keine Haut sichtbar lässt. Eli Bradley (Patriot) zeigt sich nach drei Heften *Young Avengers* (2005) ohne Maske als Schwarzer Held. Jim Shooter will in *Legion of Super-Heroes* zeigen: Der dauer-maskierte Ferro Lad ist Schwarz – doch DC Comics fürchtet Boykotte, also tötet Shooter die Figur (1966). Bilder und Spielzeug zu War Machine, Silver Samurai, Connor Young (Darkhawk) oder bei DC Cassandra Cain (Batgirl) und Jaime Reyes (Blue Beetle) machen fast nie sichtbar: Hier kämpft ein*e Held*in of Color. Auch Spawn-Abklatsch Nightwatch (Marvel, 1993) ist Schwarz und vollmaskiert – wie schon Spawns Vorbilder: Marvels Figuren Venom (weiß) und Prowler (Schwarz).

Into the Spider-Verse zeigt Stan Lee als Kostümverkäufer. Miles zweifelt, ob der Anzug passt. Doch wie Lee oft sagt: »Anyone can be Spider-Man.« Im Film beruhigt er Miles: »It always fits, eventually.« (»Jeder kann Spider-Man sein.«, »Früher oder später passt es immer.«)

Spider-Ham sieht aus wie ein Cartoon-Schwein und isst am liebsten Sandwiches mit Schweinefleisch. Das ist kein Drama – denn er ist eine Spinne, von einem radioaktiven Schwein gebissen (nicht umgekehrt).

Spider-Ham #14 (1986) zeigt Mary Jane Waterbuffalo (Erde-8311), doch *Spider-Man Family* #4 (2009) Mary Crane Watsow (Erde-8311); ein Jubiläumsheft zu 25 Jahren Spider-Ham (2010) zeigt beide Tier-Varianten von Mary Jane, doch nicht direkt nebeneinander (Erde-8311). Oft ›entstehen‹ Paralleluniversen (sie werden ausgerufen, nachträglich), um zu klären: Gibt es drei Erden, die glauben, sie heißen Erde-8311? Eine mit Büffel-MJ, eine mit Kranich-MJ – und eine, in der Peter Porker zwei gruselig identische Freundinnen hat?

Peters Mitschüler Eugene Thompson wird »Flash« genannt, weil er beim Football blitzschnell rennt. Flash Fact: Wissen, das sich in ein, zwei kurzen Sätzen sagen lässt, nennt man »Flash Fact«. Doch kurze Info-Kästen, deren Text mit »Flash Fact:« beginnt, sind selten bei Marvel – umso häufiger hingegen in *The Flash* (DC).

Bei einem Attentat auf Kingpin wird Tante May von einer Kugel getroffen. Doch Mephisto macht Peter (und Mary Jane) in *Spider-Man: One More Day* (2007) ein Angebot: May überlebt. Dafür ist Peters Ehe nie passiert – Mephisto löscht die Ehe (und alle Erinnerungen daran) aus der Realität.

Auf der Wizard World Chicago Con 2007 wird Joe Quesada gefragt, was gewonnen sei, indem Peters Ehe zerstört und gelöscht wird. Seitdem kursieren zwei Antworten – die aber nie belegt werden: Er sagt, eine »ideale Spider-Man-Geschichte« sei, dass Peter am PC im Keller seiner Tante »Pornos runterladen will, ohne, dass sie es merkt«. Genauer: »Fans can't relate to Spider-Man having a hot wife; they can relate to Aunt May walking in on Spider-Man downloading porn.« (»Mit einem Spider-Man, der von Tante May erwischt wird, wie er Pornos speichert, können sich Fans identifizieren. Mit einem Spider-Man mit hotter Ehefrau nicht.«)

2006 zeigt *Spider-Man: Reign*, dass Peter durch den Spinnenbiss leicht radioaktiv ist. Mary Jane stirbt an Krebs, weil sie durch Peters Sperma jahrelang zu viel Strahlung aufgenommen hat (Erde-70237).

2004 zeigt *Sins Past*, dass Gwen als Teenager (und Peters Freundin) heimlich Sex mit dem Geschäftsmann Norman Osborn hat und in Frankreich Zwillinge zur Welt bringt – die später denken, sie seien die Kinder von Peter. Weil die Geschichte schlecht ankommt, wird 2021 geändert: Alles ist eine Illusion von Mysterio.

Mephisto zeigt sich in *One More Day* auch als junges Mädchen – und verrät: So sieht euer Kind aus. Das jetzt nie geboren wird! Eine andere Tochter kommt in *Spider-Man* #418 (1996) tot zur Welt. Oder hat Norman Osborn das Baby bis heute? In *Age of Ultron* (2015) nennt sich Natasha »Monster« – »Niemand sagt ihr, dass [eine Zwangssterilisation im Red Room] nicht ihre Schuld ist. Niemand erwähnt die Möglichkeit von Adoption oder Surrogat-Eltern. Niemand sagt ihr: Unfruchtbarkeit ist nicht ›monströs‹«, schreibt Meredith Faulkner auf Comicwatch: Marvel nimmt Frauen oft die Kinder. Und zeigt dann: »Frau-Sein ohne Mutter zu sein ist leer, tragisch und monströs.«

Als Peters Ehe ausgelöscht wird, zeigen Comics: Mary Jane, Peter und (vor ihrem Tod) Gwen Stacy sind hingerissen von Carlie Cooper. Die Forensikerin ist nach Joe Quesadas Tochter Carlie benannt und ab 2010 Peters Freundin.

Comics 2017 zeigen Peter mit Bobbi Morse (Mockingbird). Durch Lockstoffe wollen Cindy Moon (Silk) und Peter 2014 dauernd Sex. Shanna küsst Peter in *Ka-Zar* #34 (1984), und Kamala Khan shippt Peter mit Captain Marvel (Carol und Peter gehen in Comics 2009 ein einziges Mal Essen: Kamala wünscht sich später als Fan der beiden eine Relationship). In Comics 2022 adoptiert Mary Jane Kinder mit dem zwielichtigen Paul Rabin.

Doctor Octopus heiratet Tante May – doch nur, weil sie gerade eine Insel in Kanada geerbt hat, auf der ein Atomreaktor steht (*Spider-Man* #131: *My Uncle ... my Enemy?,* 1974).

Ein weißer Rassist wird jedes Mal, wenn er sich aufregt, zum Schwarzen Superhelden Black Bomber; doch hat zurück-verwandelt jede Heldentat vergessen. Zum Glück ist Tony Isabella bei DC gegen die Idee. Darum wird Jefferson Pierce die erste Schwarze DC-Figur mit eigener Heftreihe (*Black Lightning*, 1977). Seit Storm (1975), Pierce und Static (1993) haben Schwarze Figuren absurd oft Elektro-Kräfte. Shocker und Electro sind in Marvels Comics weiß; dann in Verfilmungen Schwarz.

Das Venom-Kostüm wird 1982 bei einem Wettbewerb von Fan Randy Schueller (22) entworfen: Marvel zahlt ihm 220 Dollar. Ab 1992 hat Venom eigene Heftreihen – und soll sympathischer wirken, indem noch viel brutalere Symbiont*innen (mit Trash-Namen wie Carnage, Toxin, Riot und Scorn, in Heft-Titeln wie *Scream: Curse of Carnage*) angreifen. Trotzdem sind heute Memes (und ganz ernsthafte Storytelling-Analysen!) beliebt, die zeigen: Venom und *Ratatouille* (2007) zeigen dasselbe – ein unsicherer Mann gibt Kontrolle an ein fremdes Wesen ab. Das Duo wird zum Erfolgsteam.

Gwen Stacy stirbt in *Amazing Spider-Man* (2012) überraschend *nicht*. Als sie in Teil 2 doch in den Tod stürzt, wird als Teil 3 geplant: Gwen wird (wie auf Erde-1610) zu Carnage und trifft (wie in den *Spider-Gwen*-Comics ab 2015: Erde-65) eine Gwen, die statt Peter Spinnen-Kräfte hat.

DIE 50ER

Hefte der 1940er haben etwa 60 Seiten. Hefte der 60er Jahre haben 25 Seiten, doch immer noch oft mehrere Geschichten oder Kapitel: *Amazing Fantasy* #15 zeigt 1963 außer Spider-Mans Debüt (elf Seiten) auch das kurze Gruselmärchen *Der Glöckner* sowie *Die Marsmenschen sind unter uns!* (Ein spießiges Paar hat Angst vor Aliens? Nein: Sie sind selbst Aliens und haben Angst, entdeckt zu werden!) und *Der Mann im Mumiensarg:* Eine sprechende Mumie im Museum lädt einen Gauner auf der Flucht ein, sich kurz im Sarg zu verstecken. Der Mann erwacht versklavt im alten Ägypten.

Fast alle Heftreihen zu Held*innen enden 1950 und 51: Romantik, Western, Comedy und besonders Horror-Comics sind gefragter; und durch den Film *Godzilla* (1954) und billige B-Movies im Autokino beginnt bald auch ein kleines »Age of Monsters«. Martin Goodmans Verlag Timely Comics heißt ab November 1951 »Atlas Comics« und erst ab 1961 »Marvel Comics«; auch Konkurrent National Comics heißt erst seit 1977 offiziell »DC Comics«.

EC Comics ist mit Horror-Reihen wie *Tales from the Crypt* (1950 bis 55) erfolgreich – doch im Buch *Seduction of the Innocent* (1954) zeigt der Psychologe Fredric Wertham (1895 in Nürnberg geboren), wie blutig die Comics des »Golden Age« oft erzählen. Schon 1930 führen US-Filmfirmen Regeln zur Selbstkontrolle ein: den prüden »Hays Code«. Weil Werthams Buch Eltern gegen Comics aufbringt – die »moralische Panik« führt 1954 zu drei Anhörungen im US-Senat –, erstellen auch Comicverlage ein Gütesiegel für ›moralisches Erzählen‹: den prüden »Comics Code«. Doch um der Konkurrenz bei EC Comics besonders zu schaden, sind viele Regeln dieser freiwilligen Selbstverpflichtung absichtlich so formuliert, dass EC Comics 1956 aufgibt.

Namor wird im Zweiten Weltkrieg der erste weltbekannte Mutant auf Erde-616: Er kann fliegen, weil ihm kleine Flügel am Fußgelenk wachsen. Flügel im selben Stil sind (als Deko) an Caps Maske zu sehen sowie am Helm der DC-Figur The Flash (Jay Garrick, ab 1940) – denn schon der römische Gott Merkur wird meist mit Flügel-Helm und Fuß-Flügeln gezeigt. 1951 enden bei DC die Heftreihen mit Jay Garrick und mit Alan Scott (Green Lantern); doch 1956 werden Barry Allen als neuer Flash und 1959 Hal Jordan als neuer Green Lantern überraschend erfolgreich. Ein kindischeres »Silver Age« beginnt.

Spider-Man kämpft gegen Doctor Octopus, Chameleon, Scorpion, Grizzly, Rhino, Hippo, Gibbon, Jackal, Kangaroo, Tarantula, Black Cat, Black Fox, White Rabbit, Walrus, Ox, den Geier Vulture, Eule Owl, Eidechse Lizard, Käfer Beetle, Leguan Iguana, Stachelschwein Porcupine sowie den Großwildjäger Kraven the Hunter, Venom (Tier-Gift), die Lobo-Brüder (Wölfe) und Frog-Man (Sohn von Leapfrog). Der Kingpin zahlt oft vielen davon Geld, um in einer Ecke der Stadt (Tier-)Chaos anzurichten – als Ablenkung, damit ein größeres Verbrechen anderswo länger unbemerkt bleibt.

Dass viele Schurk*innen im Silver Age recht lachhaft wirken, liegt am Comics Code: »Criminals shall not be presented so as to be rendered glamorous« – Kriminelle sollen ohne Glanz gezeigt werden, damit niemand sie nachahmen will. Trotzdem laden auch alberne Tier-Figuren schnell zu Body-Horror ein: Lizard frisst in *Spider-Man* #631 (2010) seinen Sohn Billy. Carl King (The Thousand) ist eine Kolonie aus Spinnen, die in einen Körper krabbeln und ihn von innen heraus steuern und fressen (2001). Auch *The Man in the Ant-Hill* (1962), der erste Comic mit Hank Pym (Ant-Man), erinnert an B-Movies wie *The Incredible Shrinking Man* (1957).

Ab 1957 schreibt und zeichnet Jack Kirby bei DC zwölf Comics zum Team Challengers of the Unknown: vier Männer (ohne Kräfte, in lila Jumpsuits), die sich nach einem Flugzeugabsturz alle Risiken und Abenteuer zutrauen. In *Fantastic Four* zeigt Kirby vier ähnliche Figuren – anfangs kurz in blauen Jumpsuits für einen Flug ins All, dann aber ohne feste Kostüme. Doch weil Fans Uniformen vermissen, gibt es ab Heft 3 vier blaue Outfits mit einer großen »4«.

Ab den 70er Jahren behauptet Stan Lee (obwohl DC-Chef Jack Liebowitz dementiert): Martin Goodman hört 1961 beim Golfen mit Liebowitz, wie erfolgreich die Team-Heftreihe *Justice League of America* (ab Ende 1960) ist – Superman, Batman, Wonder Woman, Aquaman, Manhunter from Mars und die zwei aktuelleren Figuren Hal Jordan und Barry Allen. Nur darum – sagt Stan Lee! – gibt Martin Goodman Lee überhaupt erst den Auftrag, ein eigenes Team zu erfinden (die Fantastic Four).

In nur vier von 57 Heften *Wild Western* (1948 bis 57) gibt es auch kurze Comics zu einer Heldin, Arizona Annie. Apache Kid hat ab 1951 zwar 18 eigene Hefte, ist aber keine indigene Figur, sondern ein weißes Waisenkind. Er lebt als Cowboy, doch verkleidet sich (wie ein Superheld) zum Kämpfen als indigener Retter. Ringo Kid hat ab 1954 21 Hefte: Der Vater ist weiß, die Mutter indigen. Alle sieben Hefte *Jungle Tales* (1954 bis 55) zeigen Comics mit Waku – ein Prinz der Bantu im Süden Afrikas und die erste Schwarze Heldenfigur in Mainstream-Comics.

DIE BASICS

Marvel-Comics haben meist 20 bis 22 Seiten; pro Monat erscheint meist ein Heft jeder Reihe. Erst seit den späten 90er Jahren sind fünf bis sechs Hefte oft schon nach Monaten auch als Sammelband (Trade Paperback, kurz: TPB) im Buchhandel – darum umfassen Plots (»Arcs«) gern maximal sechs Hefte und nach jedem Arc wird neu entschieden, ob die Heftreihe beendet wird (oder die Kreativen ausgewechselt).

Weil man pro Monat viele Comics schreiben kann, doch das Zeichnen länger dauert, haben Comics oft »Guest Artists«, und der »Run« – die Zeit, die eine Person eine Heftreihe prägt – ist für Zeichnende oft deutlich kürzer als für Schreibende. Selbst sehr bekannte Comic-Orte wie Batmans Bat-Höhle (DC) sehen oft völlig anders aus und haben immer andere Grundrisse – je nachdem, wer zeichnet. Das gilt leider auch für jeden Ort bei Marvel und für jedes Gesicht bei Marvel-Figuren, auch innerhalb eines »Runs«.

Die längsten Runs schreiben Ed Brubaker (2005 bis 13: *Captain America*), Dan Slott (2010 bis 18: *Spider-Man*), das Text-und-Zeichen-Duo Stan Lee und Jack Kirby (1961 bis 70: *Fantastic Four*), Mark Gruenwald (1985 bis 95: *Captain America*), Peter David (1987 bis 98: *Hulk*), Brian Michael Bendis (2000 bis 2013: *Ultimate Spider-Man*) und Chris Claremont (1975 bis 91: *X-Men*).

Pro Jahr schreiben gut 150 bis 200 Personen für Marvel; fast 20 Prozent schreiben für Marvel und für DC innerhalb des gleichen Jahres (Stand: 2019). Autor Doug Moench stört lange, dass Marvel keine Batman-artige Hauptfigur hat. 1975 erfindet er Moon Knight, und wird durch den Erfolg als Autor der *Moon Knight*-Heftreihe (1980 bis 83) zum Autor von *Batman* (1983 bis 1986).

Nur DC und Marvel dürfen ihre Figuren als »Superheld*innen« bewerben: Seit 1981 teilen sich die Verlage in den USA das Trademark/Markenrecht am Wort »Superhero«.

Seit 2012 gehört Marvel zu Disney – wie unter anderem Pixar, Lucasfilm, Searchlight Pictures, ESPN und seit 2019 auch 20th Century Fox (Fox News gehört nicht zu Disney, sondern Rupert Murdoch). Erst durch den Kauf von Fox können seit 2019 auch alle X-Men-Figuren in neuen Disney- und MCU-Projekten erwähnt und gezeigt werden.

Stan Lee ist 1941 bis 1972 Verlagsleiter/Editor in Chief (mit einer Unterbrechung 1942 bis 45, als er Militärdienst leisten muss). Danach kommen elf weitere Männer – alle auch als Autoren einflussreich: Roy Thomas (bis 1974), Len Wein (bis 75), Marv Wolfman (bis Anfang 76), Gerry Conway (bis Ende 76), Archie Goodwin (bis 78), Jim Shooter (bis 87), Tom DeFalco (bis 94), Bob Harras (bis 2000), Zeichner Joe Quesada (bis 2010), Axel Alonso (bis 2017) und Chester B. Cebulski.

Unter dem Slogan »The New 52« verlegt DC Comics 2011 ganze 52 monatliche Heftreihen (plus Mini-Serien, Kinder-Comics und mehr). Jede Reihe erscheint fest am ersten, zweiten, dritten oder vierten Mittwoch des Monats. Marvel verlegt deutlich weniger Hefte pro Mittwoch: 2023 circa zehn. In Monaten mit einem fünften Mittwoch erscheinen Annuals, Sonderhefte oder (selten) experimentelle »Fifth Week Events« zu einer besonderen Idee.

Ein Heft, von dem sich unter 20 000 Stück verkaufen, wird meist abgesetzt. Reihen mit neuen Figuren (besonders Minderheitenfiguren) und/oder fremdem, nichtssagendem Titel werden übersehen. 2019 starten das Team *Strikeforce* (nach neun Heften abgesetzt, der Titel sagt Fans nichts) und das Team *Savage Avengers* (28 Hefte, gefolgt von einem Neustart 2022 mit einem neuen Heft namens *Savage Avengers* #1).

Neue Figuren haben oft nur Erfolg, wenn sie die Rolle, die Heftreihe und das Erbe (Legacy) beliebter Männer übernehmen: »Legacy Characters« wie Kate Bishop als ›neue‹ Hawkeye oder Riri Williams (Ironheart) in *Iron Man*.

»Stunt Numbering« heißt: Weil Hefte mit Nummer 1 viele Sammler*innen locken, springen im Herbst 2015 über 30 laufende Reihen zurück auf #1. Das tolle *Squirrel Girl* startet erst Anfang 2015 mit Heft 1, doch schon nach acht Heften erscheint im Herbst *Squirrel Girl* (Volume 2) #1. Auch Hefte namens #0, Alpha und Omega verkaufen sich besser.

»Legacy Numbering« heißt: Auf 441 Hefte *Amazing Spider-Man* folgt zwar plötzlich *Amazing Spider-Man* (Vol. 2) #1. Doch nach *Amazing Spider-Man* (Vol. 2) #58 springt die Reihe fürs Jubiläums-Heft *Amazing Spider-Man* #500 zurück in die alte Nummerierung.

Schon ab 1961 beendet Stan Lee seine Antworten auf Fan-Briefe, die in Marvel-Heften abgedruckt werden, oft mit den Worten »Nuff said!« (zu Deutsch etwa: »G'nug g'sagt«). 2001/2002 erzählen 24 ›stumme‹ *Nuff said*-Hefte nur in Bildern – ohne Text. Gelungen sind *New X-Men* #121, *X-Force* #123 und *Elektra* #6.

Ab 1966 erscheinen die ersten Marvel-Comics in deutscher Übersetzung im Aachener Bildschriftenverlag, unter dem Titel *Hit Comics*. Die Nummerierung der deutschen Hefte hat nichts mit der originalen Erscheinungsfolge gemein, die Übersetzungen sind oft Glückssache. »Nuff said!« wird in *Hit Comics* #7 zu: »Das sagte Nuff!«

In *Fantastic Four* #10 (1963) schlagen Jack Kirby und Stan Lee (als Figuren) die Hände vors Gesicht, weil Doctor Doom besiegt ist: Müssen sie neue Probleme erfinden? Nein: Doom kommt ins Marvel-Büro und will, dass die beiden Reed Richards anrufen und zu sich locken. Doom weiß: Reed ist oft bei Marvel und erzählt aus seinem Alltag, damit Kirby und Lee daraus Comics machen.

Viele Held*innen auf Erde-616 unterschreiben jährlich einen Vertrag, der Marvel Comics (auf Erde-616) erlaubt, Comics mit ihnen zu veröffentlichen – auch halb-erfundene. Steve Rogers zeichnet gern, stellt sich in *Captain America* #311 (1985) bei Marvel vor, verrät nicht, dass er Cap ist und wird Zeichner und Autor des Captain-America-Comics.

2000 zeigt das Fifth Week Event *Marvels Comics* (nicht sehr durchdacht), wie solche Comics voller Spekulationen und Hörensagen auf Erde-616 aussehen; und schon 1989 bis 94 zeigt *Marvel Year in Review* einmal jährlich Berichte, Artikel und Werbung im Ton, im Look und auf dem Wissensstand von gewöhnlichen Menschen auf Erde-616 – ein Heft wie ein Time Magazine, das aus Erde-616 heraus in unsere eigene Realität (Erde-1218) importiert wird.

In *Eternals* #6 (1976) hext Sersi einem Studenten, der nicht an ihre Kräfte glaubt, das Gesicht von Ben Grimm (The Thing). Noch bis 1978 bleibt offen: Heißt das, Sersi liest Comics? Oder heißt es: *Eternals* spielt auf Erde-616? Bei einem Roboter, der aussieht wie Hulk, sagt keiner der Eternals, dass sie Hulk erkennen – als Figur oder als reale Person (Heft 16, 1977).

1996 und 97 erscheinen 24 verknüpfte Einzelhefte (One-Shots) beim Imprint »Amalgam«, das sowohl DC als auch Marvel gehört: Je zwei Figuren der konkurrierenden Verlage werden zu einer verschmolzen. Fürs Heft *Super-Soldier* werden Superman und Captain America fusioniert, für *Speed Demon* Flash und Ghost Rider, für *Amazon* Wonder Woman und Storm, für *Spider-Boy* Superboy und Spider-Man.

Reihen, die Leserinnen ansprechen wollen? *Generation X* (1994 bis 2001) und 28 Hefte *Mary Jane* (ab 2002) erinnern an TV-Serien wie *Dawson's Creek* (1998 bis 2002). 18 Hefte *Emma Frost* ab 2002 haben sexistisch-abschreckende Cover von Greg Horn. *Marvel Divas* (2009), *Her-Oes* und *Girl Comics* (beide 2010) wirken halbherzig – und fünf verhasste Hefte *Trouble* (Autor: Mark Millar, 2003) zeigen Tante May als Schülerin bei sexy Sommer-Jobs und fragen, ob May Peter Parkers Mutter ist.

DIE KREATIVEN

Das großformatige *Official Marvel Comics Try-Out Book* (1983) lässt eine Spider-Man-Geschichte bewusst unfertig: Die 24 Seiten können fertig gezeichnet, fertig getuscht, fertig koloriert, fertig gelettert (mit Text versehen) werden; die besten Einsendungen sollen als eigenes Heft erscheinen. 1986 werden zwar Preise verliehen, doch das versprochene Heft erscheint nie.

Der banale Plot des *Try-Out Book*: Die blonde, sentimentale Janice freut sich, wie beherzt Spidey eine Straßengang stoppt und bedankt sich via Zeitungsannonce. Als Doctor Octopus merkt, wie sehr das Spidey motiviert, wird Janice – die kaum vorkommt und nichts Tieferes zu sagen hat – Ocks Geisel: Cliffhanger.

Extra-Seiten im Heft erklären unter anderem, dass 1984 keine Farbverläufe möglich sind, nur 64 Druckfarben, und dass dunkle Farben »näher« wirken als Pastelltöne. Als Koloristin gewinnt P. Jeanine Pasda, als Scripter Chuck Duffie. Alle drei weiteren Sieger werden später selbst Comic-Profis: Mark Bagley (Zeichner), Doug Hazlewood (Tuscher/Inker) und Robin Riggs, der Text und Sprechblasen anpasst (Letterer).

Für viele Comics liefert jemand ein Skript voller Dialoge und Beschreibungen – und eine zweite Person zeichnet. Stan Lees »Marvel-Methode« dagegen gibt der Person, die zeichnet, viel mehr Freiheit – doch auch mehr Arbeit: Lee überlegt sich 1) einen groben Plot – und füllt 3) erst am Ende (oft viel zu geschwätzig) alle Sprechblasen. Dazwischen liegt 2): viel Gestaltungs- und Storytelling-Arbeit für Zeichner*innen. Arbeit, für die sie lange weder bezahlt werden, noch in einem »Credit« namentlich genannt.

Bill Finger und Bob Kane erfinden Batman – doch Kane gibt seine Rechte nur ab, wenn er auf allen Comics genannt wird. Selbst Ende der 60er Jahre steht auf Batman-Comics oft nur »Bob Kane«, als wäre Kane hier Autor und Zeichner. Auch Disney spart sich Credits: Unter Onkel-Dagobert-Fans ist der Name »Carl Barks« bis 1959 unbekannt – man spricht von »diesem *einen* guten Duck-Künstler«. Stan Lee ist hoch anzurechnen, dass er bei Marvel alle Kreativen namentlich nennt.

Wer bei Marvel schreibt oder zeichnet, ist nicht fest angestellt. In den 70er Jahren zahlt Marvel alle Honorare als Scheck aus. Wer den Scheck unterschreibt, um ihn einzulösen, tritt damit automatisch alle Rechte an den Figuren ab und willigt ein: Marvel besitzt diese Auftragsarbeiten (»work for hire«).

Autor und DC-Experte Mark Waid schreibt so ungern unter Bob Harras (Marvel-Chefredakteur 1990 bis 2000, DC-Chefredakteur 2010 bis 2020) und Dan DiDio (DC-Herausgeber 2010 bis 2020), dass er von 2009 bis 2020 keine DC-Reihen schreibt – erst, als Harras und DiDio DC verlassen, kehrt er zurück. Waids *Black Widow* (2016) macht Spaß, sein *Daredevil* (2011 bis 15) gewinnt drei Eisner-Awards.

Aus Respekt vor Jack Kirby (1917 bis 1994) zeigt Mark Waid in *Fantastic Four* #511 (2004) die höchste Macht im Marvel-»Omniversum« als einen »Schöpfer« am Zeichentisch. Der Raum sieht aus wie Kirbys Studio in Thousand Oaks, Kalifornien, und die Figur (»The One Above All«, der*die*das über allem) sieht aus wie Kirby selbst. Mark Waid bereut die Szene – weil Kirbys Familie sagt, sie sähen solche Auftritte nicht gern.

Tausende Comics ehren Jack Kirby durch »Kirby Dots/Kirby Crackles« (-Punkte und -Knistern), denn Energie und Strahlung zeichnet Kirby gern als »Aura« aus vielen runden, sich überlappenden Punkten (auf Erde-616 heißen solche Energie-Bläschen »Kirbone«).

Als die Fantastic Four sterben, springen vier befreundete Männer ein: Spidey, Wolverine, Bruce Banner (als Joe Fixit) und Johnny Blaze (Ghost Rider). Mike Wieringo, Zeichner des Was-wäre-wenn?-Hefts, stirbt nach sieben Seiten an Herzversagen – und zwölf befreundete Männer springen ein, um das Heft fertig zu zeichnen: *What if this was the Fantastic Four?* (2008, nach einer Idee aus *The Fantastic Four* #347, 1990).

Steve Gerber stirbt 2008, bevor er das letzte Heft *Dr. Fate* (DC, acht Hefte) zu Ende schreiben kann. Adam Beechen, Mark Evanier, Gail Simone und Mark Waid schreiben vier mögliche kurze Enden. Wer sich heute bei Marvel kennenlernt, arbeitet morgen oft zusammen bei DC – oder umgekehrt.

Zeichner Leinil Francis Yu ist Fan von Gerbers Howard the Duck und versteckt die Ente oft in Gruppen-Szenen. Tuscher Terry Austin versteckt in den 80er Jahren gern Popeye bei Marvel und DC.

Flo Steinberg ist ab 1963 Stan Lees einzige feste Angestellte und »das Herz von Marvel«, doch wird so schlecht bezahlt, dass sie 1968 kündigt. 1975 gibt sie ein einzelnes, gefeiertes Independent-Heft für Erwachsene heraus: *Big Apple Comix.* Schon ab 1974 verlegt Lee bei Marvel ein ähnliches Projekt zu »alternativen Comix«: *The Comix Book* (fünf Hefte, bis 1976).

Weil Autor Jim Starlin Darkseid mag, Jack Kirbys tyrannische DC-Figur (1970), ist Starlins Thanos (Marvel, ab 1973) Darkseid ähnlich. 1980 entwerfen Starlin und Len Wein dann für DC eine Figur, die möglichst nah an Thanos ist: Mongul.

Garth Ennis (geboren 1970 in Nordirland) ist Autor pseudo-»harter« Comics wie *The Boys, Preacher* und bei Marvel *The Punisher* (1995 bis 2008), und nennt die Avengers 2012 in Bezug zur Justice League (DC) »the resentful also-rans«: die neidische zweite Liga. Ennis' frühe Killer-in-Gotham-Reihe *Hitman* (DC) ist beliebt – doch meist schreibt Ennis muffig, ranzig, hämisch: die neidische zweite Liga.

Mark Millar (geboren 1969 in Schottland) ist Autor gewollt gesellschaftskritischer, oft brutaler, dann wieder überraschend sentimentaler Comics wie *Superman: Red Son* und *The Authority* (beide DC). *Kick-Ass* erscheint bei Icon: Marvels Imprint für »creator-owned« Titel und nicht mit anderen Marvel-Comics verknüpft. Von 2000 bis 2010 prägt Millar vor allem das Ultimate Universe – und damit später auch den Tonfall im MCU.

Warren Ellis (geboren 1968 in Essex) liebt britische Mystik und Magier im Trenchcoat wie John Constantine und Willoughby Kipling (DC): Für *Excalibur* erfindet er 1995 den Abklatsch Pete Wisdom, einen viel zu alten Love Interest für Kate Pryde. 2020 machen (oft deutlich jüngere) Ex-Fans öffentlich, dass Ellis bis zu 19 von ihnen zeitgleich sagte, sie sei gerade die einzige, von der er Nacktfotos und mehr wolle (»Grooming«).

Besonders seit #metoo (2017) sprechen viele Menschen – vor allem Frauen, meist junge Autorinnen und Zeichnerinnen – über Abwertungen, die sie durch Cameron Stewart, Jason Latour, Nathan Edmondson, Brian Wood, Scott Lobdell und Junot Díaz (Ehemann von Marvel-Autorin Marjorie Liu) erfahren haben.

Mit 13 zeichnet Jim Shooter als Fan die Figuren des DC-Teams *Legion of Super-Heroes* (Teenager im 30. Jahrhundert) und schickt DC die Zeichnungen. Mit 14 wird er freier DC-Autor, mit 27 Marvel-Chefredakteur. Gerry Conway (ab 1969 mit 16 bei DC) wird mit 19 Autor von *Amazing Spider-Man:* Der Autor von *The Night Gwen Stacy Died* ist etwa so alt wie die Figuren.

Nach einem Praktikum bei Marvel wird Christopher Priest 1979 der erste Schwarze Marvel-Autor (und -Redakteur). Schwarze Zeichner sind unter anderem Billy Graham (vor allem 1972 bis 75), Kyle Baker (ab 1985), Brian Stelfreeze (ab 1990), ChrisCross (1998 bis 2003), Olivier Coipel und Khary Randolph (beide ab circa 2003). Matt Baker, geboren 1921, ist schwul und ein wichtiger Zeichner bei Atlas Comics, vor allem für Romance-Hefte. Er stirbt 1959.

Schwarze Autor*innen? Viele »große Namen« schreiben ab circa 2015 kurz für Marvel – doch es wirkt oft, als hätte der Verlag nur Interesse an Schwarzen Stimmen, die ihren Marktwert längst vorher mit ganz anderen Büchern bewiesen haben: Roxane Gay, Ta-Nehisi Coates, Nnedi Okorafor, John Ridley, Victor LaValle, Walter Mosley, Eve L. Ewing, Jason Reynolds.

Beliebte Muslimische Autor*innen sind Saladin Ahmed, Konvertitin G. Willow Wilson, Mohamed Diab (Drehbuch bei *Moon Knight*) und Bisha K. Ali (Drehbuch bei *Ms. Marvel*). Sana Amanat ist Marvel-Redakteurin. Auch Zeichner Nabi H. Ali ist gläubig. Mahmud Asrar, Marvel-Zeichner in Ankara, ist kein Muslim.

Peach Momoko und Sana Takeda zeichnen oft im Manga- und im Aquarell-Stil. Zeichnerinnen, die Marvel oft und gern anheuert, sind Gurihiru (ab 2004), Emma Ríos (2009), Sara Pichelli (2009), Carmen Núñez Carnero (etwa 2014), Natacha Bustos (2015) und seitdem Elena Casagrande und die nichtbinären Zeichner*innen Kei Zama, Britney N. Williams und Rosi Kampe.

Marvels Stormbreaker-Kampagne fördert Künstler*innen: 2023 auch den Deutschen Nic Klein. Marko Djurdjević zeichnet vor allem 2007 bis 2011 für Marvel und lebt in Berlin. Viktor Bogdanovic ist Schweizer (auch er lebt in Berlin), Jonas Scharf zeichnet in Nürnberg. Stilprägend bei Marvel sind auch Giuseppe Camuncoli (Italien), Esad Ribić (Kroatien) und Alex Maalev (Bulgarien, lebt in New York).

»Bullpen« (Pferch für Bullen) ist ein flapsiges Wort für »Großraumbüro«, und schon Stan Lee schafft durch scherz- und kumpelhafte Einblicke in den »Marvel Bullpen« Nähe zwischen Fans und den Kreativen. (Lee nennt Fans »True Believers«, wahrhaft Gläubige.)

Iman Vellani spielt Kamala Khan im MCU und schreibt 2023 (mit Sabir Pirzada) vier Hefte *Ms. Marvel*. Nicole Mains spielt Nia Nal (Dreamer) in DC-TV-Serien und schreibt *Dreamer*-Comics.

Der »House Style« ist der jeweils typische Ton und Look bei Comics eines Labels oder ganzen Verlags: düster beim Grusel-Imprint Vertigo (DC), zackig und kraftvoll bei *Shonen Jump*-Mangas. Marvels House Style ist poppig, detailreich, oft etwas zu bunt und zeigt Figuren mit realistischer Mimik in möglichst ausdrucksstarken, »kick-ass« Posen. John Byrnes Zeichnungen sind von 1977 bis etwa 2001 beliebt – doch besonders Frisuren und Gesichter von Frauen wirken bei Byrne schon in den 80ern gestrig, bieder und puppenhaft.

Im House Style begeistern unter anderem Leinil Francis Yu (Philippinen), Olivier Coipel (Frankreich), Marco Checchetto und Sara Pichelli (beide Italien), Lucas Werneck (Brasilien), Russell Dauterman (USA) und Carlos Pacheco (Spanien, verstorben 2022). George Pérez ist ab 1974 bei Marvel stilprägend, doch bekannter für seine DC-Reihen in den 80ern (*New Teen Titans*, *Crisis on Infinite Earths*, *Wonder Woman*) und das Crossover *Avengers/JLA* (2003). Auch Pérez stirbt 2022.

Weit weg vom House Style sind Javier Pulido (markant: zwölf Hefte *She-Hulk* von Autor Charles Soule, 2014), Adrian Alphona (*Ms. Marvel*), Natasha Allegri (Tipp: *Hellcat* #6, 2016). Besonders zeichnen auch Bill Sienkiewicz (und im selben Stil bei *New Mutants*: Rod Reis), Chris Samnee, Alex Maleev und Erica Henderson.

Fred Hembecks Parodie-Comics der 80er Jahre sind simpel, aber charmant. Der Mexikaner Sergio Aragonés zeichnet ab 1967 für DC. 120 Hefte seiner Conan-Parodie *Groo the Wanderer* erscheinen zwar bei Marvel – doch Groo stammt aus *Destroyer Duck* (1982): einem Comic, mit dem Steve Gerber Geld für eine Klage gegen Marvel sammelt, weil Marvel Gerber nicht an neuen Gewinnen beteiligt, die Gerbers Figur Howard the Duck abwirft.

Ross Andru zeichnet ein Haus in seiner Nachbarschaft für *Spider-Man* #138 (1974). »Uns tut leid, wie wir das Haus dargestellt haben«, druckt Marvel in Heft 149 – weil Kinder vor dem realen Haus fragen, ob dort der Schurke Mindworm lebt.

Jim Steranko zeichnet nur 29 Hefte für Marvel (und 1968 ein markantes Logo für *X-Men*). Sein kräftiger Collagen-Stil (Pop-Art? Op-Art? Er sagt: Zap Art!) ist wegweisend. Jack Kirbys DC-Figur Scott Free (Mister Miracle, 1971) ist Sterankos Look und Persönlichkeit nachempfunden.

Das *-gate* im Wort »Watergate« steht für »Skandal«. 2014 werden unter dem Motto »Gamergate« vor allem Frauen der Games-Branche beschimpft und skandalisiert. Auch »Comicsgate« (2018) ist eine rechte, anti-feministische Kampagne: Marvel-Zeichner Ethan Van Sciver ist so angewidert von der *Star Wars*-Heldin Rose Tico, dass er Tico-Figuren in einem Video zerstört. Ticos Darstellerin Kelly Marie Tran wird durch Van Scivers Fans on- und offline bedroht.

Nichtbinäre Marvel-Autor*innen sind unter anderem Grant Morrison, Alyssa Wong (*Star Wars: Doctor Aphra*), Vita Ayala, Danny Lore, Ales Kot und das Duo Ro Stein und Ted Brandt (die beide auch zeichnen).

Nichtbinäre Figuren sind unter anderem Xavin (ein*e außerirdische*r Skrull, 2005), Blogger*in Kenneth Kingston (2020), das kosmische Wesen Cloud (1983) und viele junge Mutant*innen. 2018: Madin. 2021: Cam Long, Monica Sellers, Jack of Knights. 2022: Alef Chernekhov, Reed Fox und Deadpools Love Interest Valentine Vuong.

Auch die trans Autorinnen Crystal Frasier, Charlie Jane Anders, Shadi Petosky, Grace Freud und Magdalene Visaggio schreiben (sporadisch) für Marvel. Jan Bazaldua ist Zeichnerin und trans, Erik Ojo Zeichner und trans, Jay Eddin Autor und trans. Maddie Blaustein (gestorben 2008) war trans, intersex und Ende der 80er Jahre Autorin und Redakteurin bei Marvel – und später die US-Stimme des Pokémon Mauzi.

Trans Figuren: Angelas große Liebe Sera ist eine trans Frau. *New Mutants: Lethal Legion* (2023) zeigt Shela Sextons (gute!) Geschichte. Mutantin Jessie Drake (1994) sieht Leuten ähnlicher, in deren Nähe sie bleibt. Nebenrollen (bisher!): Koi Boi, Dr. Charlene MacGowan, Soldat Jake Young, Cosplayerin Jennifer Harris, Forscherin Justine (Brilliance), Erd-Mädchen/Moloid Tong. Und auf Krakoa: Leonara Eng und Jake Williams.

Grant Morrison liebt die schrulligen, paradoxen und kindischen Ideen des »Silver Age«. Prägend bei Marvel sind 41 oft kontroverse Hefte *New X-Men*, 2001 bis 2004. Für *Doom Patrol* (DC, 1989) nutzt Grant den realen Namen von Drag-Artist Danny La Rue in typischer Morrison-Manier: Weil »La Rue« einfach »die Straße« heißt, zeigt *Doom Patrol* ab 1990 Danny the Street – eine männliche, Travestie liebende Straße (!) mit magischen Kräften.

Brian K. Vaughans Reihen (Tipp, nicht bei Marvel: *Saga*) sind ihrer Zeit zwar oft voraus, aber zehn Jahre später doch recht gestrig. Vaughans *Runaways* (er schreibt 42 Hefte ab 2003) wird 2017 von Jugendbuch-Autorin Rainbow Rowell besser fortgesetzt (38 Hefte). Die bösen Eltern von Hauptfigur Alex nennt Vaughan nach seinen Eltern (Catherine, Geoffrey), Heldin Molly Hayes nach seiner Schwester.

J. Michael Straczynski, Showrunner der tollen TV-Serie *Babylon 5* (ab 1993), schreibt 2001 bis 2007 Marvel-Comics – wie bald auch Joss Whedon (*Buffy*), Allan Heinberg (*OC California*), Reginald Hudlin (*House Party*), Roberto Aguirre-Saracasa (*Riverdale*) und 2019 J. J. Abrams (*Felicity*) und sein Sohn Henry (die Kritiken sind miserabel). Brian K. Vaughan ist für Comics bekannter als für seine Arbeit an Serien wie *Lost* und *Under the Dome*.

Robert Kirkmans Zombie-Heftreihe *The Walking Dead* wird ab 2003 so erfolgreich, dass Kirkman 2006 und 2008 *Marvel Zombies* schreibt (2024 auch als MCU-Trickserie geplant). Autor Tom Taylor trägt die Idee – ein Zombie-Virus befällt alle Figuren, doch nur als Was-wäre-wenn-Story in einer separaten Parallelwelt – auch zu DC: *DCeased* (2019).

Für DC erfindet Autor Mike Friedrich die Champions of Angor: das Team ist den Avengers absichtlich ähnlich. *Avengers*-Autor Roy Thomas ist mit Friedrich befreundet und erfindet in Absprache das Team Squadron Supreme: Figuren, absichtlich nah an der Justice League (DC). Im Februar 1971 freundet sich die Liga nach kurzem Kampf mit den Champions an (*Justice League* #87) und die Avengers bekommen Hilfe vom Squadron (*The Avengers* #85 und 86).

Ende 1983 sind viele Hefte bewusst seltsam: Marvel behauptet, dass alle Redakteur*innen (die oft jahrelang eine Heftreihe oder jeweils eine ganze »Line«/»Family«, zum Beispiel alle Spider- oder X-Reihen betreuen) verreist sind … und der Nachwuchs einspringt: »Assistant Editor's Month – You have been warned.«

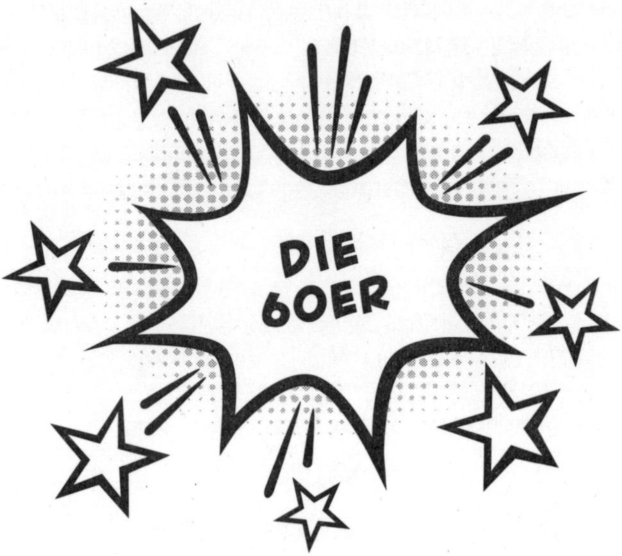
DIE
60ER

Vier Hefte *Yellow Claw* (1956 und 57) zeigen einen bösen chinesischen Magier im rassistischen »Yellow Peril«-Stil: machthungrige, oft kommunistische Figuren aus Asien als »Gelbe Gefahr«. Der Held der Comics ist US-Agent Jimmy Woo – heute im MCU beim FBI und auf Erde-616 im Team »Agents of Atlas«.

In Heft 2 hält Yellow Claw fünf Männer und einen Jungen mit PSI-Kräften gefangen. »Mutants«, erklärt Jimmy seinem Chef: »People with deviations … in either mind or body … or both!« Menschen also, bei denen der Geist, der Körper oder beides aus der Norm fallen. Trotzdem will Verleger Martin Goodman 1963 kein Heft namens *The Mutants* – weil Kinder den Begriff vielleicht nicht kennen.

Das »X« bei *X-Men* soll für »extra« stehen, denn jede*r Mutant*in hat durch das X-Gen eine »x-tra Power«. Schon 1953 zeigt der Roman *Children of the Atom* (Autorin: Wilmar Shiras) ein geheimes Internat für Kinder, die nach einem Atomtest mutieren und hochbegabt sind. Ab den 30er Jahren werden FBI-Agenten (von Gangstern und in Groschenheften/Pulps) »G-Men« genannt.

Zeitgleich zu Professor Charles Xavier (Juli 1963) erscheint auch Roger Cormans B-Movie *Der Mann mit den Röntgenaugen* (September 1963) über Dr. James Xavier und seine »X-Ray-Eyes«. Stan Lee mag an Mutant*innen, dass er sich nicht *für jede Figur extra* überlegen muss, woher die Kräfte stammen: Sie brechen einfach aus – meist in der Pubertät, durchs X-Gen.

In *X-Men* #2 (1963) wollen junge Frauen Autogramme von Angel. Auch Xavier wird geschätzt: Er hat einen direkten Kontakt beim FBI. Der düstere Slogan »Sworn to protect a world that hates and fears them« wird erst im 21. Jahrhundert beliebt – und es gibt keinen offiziellen »Eid« der X-Men, eine »Welt, die sie hasst und fürchtet, zu schützen«.

Bei DC startet drei Monate vor *X-Men* #1 *The Doom Patrol* (*My Greatest Adventure* #80, Juni 1963): Elasti-Girl, Robotman und Negative Man leiden unter ihren Kräften. Dr. Niles Caulder, ein recht fieser Teamchef, nutzt einen Rollstuhl – weil damals viele Genie-Figuren den billigen Kontrast »agiler Geist, gebrechlicher Körper« zeigen.

Bis 2022 werden nur drei Comics für über 3 Millionen Dollar versteigert: *Action Comics* #1 (Supermans Debüt), *Captain America* #1 und *Amazing Fantasy* #15. Auch die Original-Zeichnung für Seite 25 von *Secret Wars* #8 (Mike Zech: Peter trägt zum ersten Mal den schwarzen Venom-Anzug) bringt 3,3 Millionen Dollar. *Amazing Fantasy* #15 erscheint in sehr kleiner Auflage – weil Martin Goodman nicht glaubt, dass ein Teenager als Held interessiert.

»Die Welt mag spotten über Peter Parker, den furchtsamen Teenager«, droht Spidey auf dem Cover, packt einen grauhaarigen Herrn im feinen Anzug und schwingt mit ihm bedrohlich hoch. »Doch bald wird sie erstaunen über Spider-Mans imposante Macht!« (»It will soon marvel over the awesome might of Spider-Man!«) Das Bild lässt offen, ob die Figur gut oder böse ist – wie schon bei Superman (er rammt ein grünes Auto gegen einen Felsen, 1939).

Luke Cages Name »Power Man« (1974) erinnert absichtlich an den Slogan »Black Power«. Doch 1966 steht der Name »Black Panther« in keinem Zusammenhang zur Black Panther Party (obwohl der Held und die Bewegung beide 1966 entstehen). Ende 1971 nennt sich T'Challa »Black Leopard« und sagt »I neither condemn nor condone those who have taken up the name«: Er lehnt die Black Panthers nicht öffentlich ab, doch stimmt ihnen auch nicht zu. In den 90er Jahren hat Marvel kein Interesse an Wesley Snipes' Idee, Black Panther zu spielen – als Held, der 1966 bei den Black Panthers für Freiheit und Selbstbestimmung Schwarzer Menschen kämpft.

Billy Batson (Captain Marvel) erscheint ab 1940 bei Fawcett Comics und ist Superman so ähnlich, dass Fawcett von DC verklagt wird: Ab 1953 dürfen darum keine *Captain Marvel*-Comics mehr erscheinen. 1972 mietet sich DC die Figur (von Fawcett, als Lizenz) für neue Comics bei DC. Doch weil Fawcett seit 1953 nichts getan hat, um das Copyright auf Figuren namens »Captain Marvel« zu verlängern, darf Marvel sich 1967 die Figur Mar-Vell (Captain Marvel) erfinden, und DC darf wegen Marvel 1972 zwar die Figur Billy Batson weiterhin »Captain Marvel« nennen, doch nicht den ganzen Comic: Als Titel für Billy-Batson-Comics nimmt DC jetzt das Zauberwort, mit dem sich Billy verwandelt, *Shazam*. Ab 2012 nennt DC dann auch die Figur selbst »Shazam«: »Captain Marvel« wird in DC-Comics ab 2012 nicht mehr gesagt.

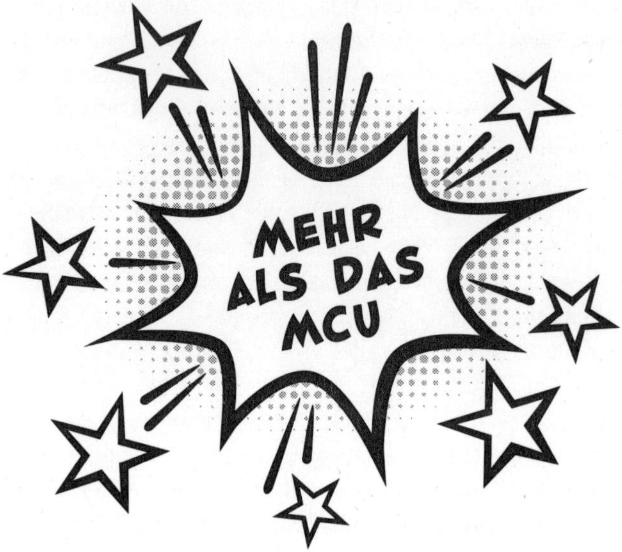
MEHR ALS DAS MCU

Howard the Duck (1986) ist der erste abendfüllende Kinofilm, der auf Comics von Marvel basiert. *Captain America* (1944) läuft zwar bereits in Kinos, ist aber in 15 Kapitel unterteilt, die getrennt voneinander als Vorfilm gezeigt werden: ein »Serial« mit möglichst packenden Cliffhangern.

Fantastic Four (2015) gewinnt die Goldene Himbeere als schlechtester Film. *Howard* ist 1987 für sieben Goldene Himbeeren nominiert und gewinnt vier. Produzent George Lucas braucht nach den Dreharbeiten Geld und verkauft seine Digital-Abteilung, die Lucasfilm Graphics Group, an Steve Jobs. Ab 1990 nutzt Disney die dort entwickelte Pixar-Software; ab 2006 gehört Pixar fest zu Disney.

Howard ist eine mürrische, sarkastische Ente vom Planeten Duckworld – eine Parodie auf Disneys Duck-Figuren. Für die britische PG-Fassung des Films (für Kinder ab etwa acht Jahren unbedenklich) muss eine Szene geschnitten werden, in der Howard eine nackte, aber vollständig federbedeckte Entendame im Heft *Playduck* studiert. Schon ab 1973 hat die satirische *Howard*-Heftreihe, geschrieben von Steve Gerber, viele Fans. Doch Howard muss ab 1977 Hosen tragen – weil Disney gerichtlich klagt, die Figur sieht mit freiem Unterleib Donald Duck zu ähnlich.

Lange vor *Hulk* (2003) mit Eric Bana und dem MCU-Film *The Incredible Hulk* (2008) mit Edward Norton spielt Bodybuilder Lou Ferrigno die Figur in 80 Folgen *The Incredible Hulk* (1978 bis 1982, dann drei TV-Filme 1988, 89 und 90). Schauspieler Bill Bixby spielt den Wissenschaftler David (!) Banner. Der Sender CBS will, dass die Figur David heißt (erklärt Ferrigno 2013), weil »Bruce« damals oft benutzt wird, um sich über Schwule lustig zu machen – ein Spott-Name wie »Detlef« in Deutschland.

Weil sich David Banner – wie in *Dr. Jekyll und Mister Hyde* (1886), einem Vorbild für Hulk – nicht erinnern kann, was er in seiner verwandelten Form tut, legt Banner-Schauspieler Bill Bixby Wert darauf, Lou Ferrigno nicht beim Drehen der Hulk-Szenen zuzusehen.

Die ganze Serie über soll Ferrigno keinen einzigen Schlag austeilen: Wird Hulk angegriffen, schubst er das Gegenüber zurück oder wirft es davon.

Schon 1976 hat ABC nach *Der Sechs-Millionen-Dollar-Mann* (1973) auch Erfolg mit dem Spin-Off *Die Sieben-Millionen-Dollar-Frau*. Darum ›erfindet‹ Stan Lee nach dem Erfolg der Hulk-Serie schnell einen weiblichen Hulk: *She-Hulk* #1 erscheint Ende 1979 und gehört allein Marvel – anders als jede neue Figur, die Universal Television eigenständig für ihre *Hulk*-Drehbücher erfindet.

Blades Langschwert fehlt die traditionelle Parierscheibe (japanisch: Tsuba) zwischen Handgriff und Klinge. Für den Schwertkampf ist es damit untauglich, weil die Hände nicht vor Schlägen und Stichen geschützt sind.

Vampir Dieter Reinhardt ist Österreicher, Draculas Sohn, über 200 Jahre alt – und fragt in *Blade II* (2002): »Can you blush?« (»Kannst du rot werden?«). Wesley Snipes spielt Blade, hat die rassistische Frage selbst erlebt und will, dass sie im Film vorkommt. In Teil 1 ist »Some motherfuckers are always trying to ice-skate uphill« (»Irgendeine Arschgeige will immer auf Schlittschuhen den Berg rauf«) Snipes' Idee.

Das Filmstudio (New Line Cinema) fragt Drehbuchautor David Goyer, ob Blade auch weiß sein kann. Goyer sagt, seine Antwort damals ist: »Absolutely fucking not.« (Blades Vater in den Comics, Lucas Cross, kommt aus Latveria und ist weiß. In der TV-Serie *Blade* heißt die Figur 2008 Robert Brooks und ist Schwarz.)

Zuerst zeigt keine Marvel-Serie Nick Fury. Erst 1998 geht die Rolle an David Hasselhoff (*Baywatch*) im Pilotfilm *Agent Nick Fury – Einsatz in Berlin*. Er sagt, er habe einen Vertrag für fünf weitere Fury-Filme, ärgert sich 2012, dass Samuel L. Jackson ›seine‹ Rolle im MCU bekommen hat und behauptet, Jackson spiele die Figur nicht authentisch.

Spider-Man (2002) wird von Januar bis Juni 2001 gedreht. Nach den Terroranschlägen am 11. September wird eine Szene aus dem Film geschnitten, die zeigt, dass Spidey ein riesiges Netz zwischen die Twin Towers gesponnen hat. ›Patriotische‹ Momente – Bürger*innen kommen zusammen, um Green Goblin mit Müll zu bewerfen; Spider-Man neben der amerikanischen Flagge – werden eingefügt.

In der Rolle von Norman Osborn trägt Schauspieler Willem Dafoe eine Zahnprothese. Spielt er Green Goblin, zeigt er seine echten, schieferen Zähne samt Zahnlücke. Green Goblin ist zunächst als aufwändiger Puppenkopf geplant, der viel stärker an die Zeichnungen der Comics erinnert. Angeblich sagt Produzent Avi Arad: »Wir wollen hier Spielzeug verkaufen, nicht Kinder erschrecken.«

Blade II (2002) zeigt vier verschiedene Sonnenbrillen der Marke Oakley. Ein Stan-Lee-Cameo, das aus *Spider-Man* gekürzt wird, zeigt Lee als Sonnenbrillenverkäufer, der Oakleys anpreist: »How about these? They wore 'em in the X-Men!« (»Wie wär's mit denen? Die hatten sie in *X-Men* auf!«).

Eine Samsung-Werbung am Times Square wird in *Spider-Man* digital durch eine Werbefläche für USA Today ersetzt. Als Samsung klagt, fügt Sony das Samsung-Logo wieder ein. Eine andere Szene zeigt einen Bus mit Werbung für Mel Brooks' Musical *The Producers* – der Sony daraufhin wegen unerwünschter Werbung in einem Film verklagt.

Als die Avengers in *Age of Ultron* (2015) den ersten Sieg feiern, trinken sie Warsteiner. Das Avengers-HQ ab *Civil War* (2016) ist die Porsche-Zentrale in Atlanta. Im MCU sind Hyundai (in *Ant-Man* und den Netflix-Serien) und Audi oft präsent, Dr Pepper auch schon bei Fox' *X-Men*. Nazis in Argentinien loben im Film *X-Men: First Class* (2011): »Ist Bitburger. Schmeckt gut, ne!« Sind auch diese stolzen Nazis ein bezahltes Product Placement?

»Wolverine« ist der englische Name für den Vielfraß (Gulo gulo), ein Raubtier aus der Familie der Marder, das mit dem gleichnamigen X-Man vor allem die Klauen gemein hat und sich in jedem größeren Zoo findet. Australier Hugh Jackman sagt 2023, er wusste bis zum Dreh des ersten Films nicht, dass Vielfraße reale Tiere sind und wollte die Bewegungen von Wölfen imitieren – weil er dachte, »Wolverine« hieße »wolfsartig«.

Rebecca Romijn muss als Mystique gelbe Kontaktlinsen tragen und sieht fast nichts. Halle Berry spielt Storm, trägt nur einmal weiße Linsen und besteht dann auf CGI. Tyler Mane spielt Sabretooth, behält die Linsen einmal zu lange im Auge und sieht für den Rest des Tages nichts mehr. Auch Ben Affleck sieht in *Daredevil* (2003) oft wirklich kaum: In Szenen ohne Daredevil-Gesichtshaube trägt er weiße Kontaktlinsen.

Meist ist Hugh Jackman Rekordhalter – doch mit der Rückkehr als Professor X in *Doctor Strange 2* (2022) holt Patrick Stewart (erneut) den Rekord für »die längste Karriere als Marvel-Schauspieler«: Beide spielen ihre Rollen seit *X-Men* (2000). Stewart sagt 2023, er selbst und Kollege Ian McKellen (Magneto) »hätten Pläne« im MCU. Jackman dreht 2023 *Deadpool 3*.

Bolivar Trask beschreibt Präsident Nixon in *X-Men: Days of Future Past* (2014) die Fähigkeiten von Mystique: Er sagt, sie kann jede beliebige Gestalt annehmen, einschließlich der eines Generals, eines Geheimagenten und sogar des Präsidenten selbst. Mystique nimmt die genannten Gestalten später im Film in genau dieser Reihenfolge an.

John F. Kennedy – sagt Magneto im selben Film – hatte das X-Gen. Auf Erde-616 war er Telepath, Isaac Newton war Sorcerer Supreme – und Exodus sagt in *Immortal X-Men* #1 (2022), auch Jesus sei Mutant gewesen.

In Trailern zu *Daredevil* (2003) ist Rapper Coolio zu sehen: Er spielt Dante, dem von einem korrupten Polizisten ein Mord an einer Sexarbeiterin angehängt wird. Nur der Director's Cut zeigt später diese Szenen – damit *Daredevil* im Kino auch für Leute unter 17 Jahren freigegeben wird.

Wilson Fisk (Kingpin), Schurke in *Daredevil* (2003), ist auf Erde-616 weiß. Im Film geht die Rolle an den Schwarzen Schauspieler Michael Clarke Duncan, nachdem mehrere weiße Wrestler bei Probeaufnahmen nicht überzeugen. Auch Domino in *Deadpool 2* (2018), Martine Bancroft in *Morbius* (2022) und Karnak und Gorgon in *Inhumans* (2018) sind in den Comics weiß.

Michael Clarke Duncan ist 196 Zentimeter groß, steht aber beim Dreh oft auf Kisten – um neben Ben Affleck (187 Zentimeter) einschüchternder zu wirken. Auch Robert Downey Jr. steht oft erhöht: Er ist mit 175 Zentimetern etwas kleiner als Gwyneth Paltrow – und deutlich kleiner als Tony auf Erde-616: 185 Zentimeter.

Elektra (2005) fällt finanziell und bei der Kritik so heftig durch, dass es 13 Jahre lang keinen Marvel-Film gibt, der allein auf weibliche Figuren setzt. Michael Vartan, Jennifer Garners Kollege bei *Alias*, sagt 2005, dass Garner den Dreh »awful« fand und nur mitgespielt habe, weil der Vertrag für *Daredevil* sie dazu verpflichtet. Für DC ist der Flop *Supergirl* (1984) Grund genug, erst nach zwanzig Jahren wieder eine Frau in der Titelrolle zu zeigen. Nachdem auch *Catwoman* (2004) floppt, dreht DC die nächsten zwanzig Jahre nur *Wonder Woman* (2017, 2020) und *Birds of Prey* (2020).

Zum Streaming-Start von *Deadpool 2* (2018) erscheint auch eine Version des Films, die ab 12 (statt ab 16) freigegeben ist: *Once Upon a Deadpool* (*Es war einmal ein Deadpool*). Die Fassungen haben 153 Unterschiede, doch sind fast gleich lang – weil eine Rahmenhandlung die Märchen-Parodie *Die Braut des Prinzen* (1987) parodiert: 1987 spielt Fred Savage ein Kind, krank im Bett. Sein Opa erzählt ihm ein Märchen. 2018 kettet Deadpool Fred Savage (etwa 40) ans selbe Bett und erzählt ihm *Deadpool 2*.

Daredevil, animiert? Fox Kids winkt 1999 ab. ABC hat 1985 keine Lust auf eine Trickserie mit Matt Murdock und Führhund Lightning. 1975, 83 und 89 wird jeweils nichts aus einer *Daredevil*-Realserie (1975 mit Black Widow); und 1989 und 91 werden zwei andere Marvel-Konzepte zwar Pilotfilme – aber nie ganze Trickserien: *Pryde of the X-Men* und das Kinder-Team *Power Pack*. Autor Neil Gaiman und Regisseur Guillermo del Toro haben schon 2007 Lust auf einen Film zu Doctor Strange. Doch Marvel lehnt ab, weil man sich auf die bekannteren Helden konzentrieren will.

Greg Weisman ist Schöpfer der Marvel-Trickserie, die viele Comic-Fans für die bisher beste halten: *The Spectacular Spider-Man* (26 Folgen, 2008 und 2009). Berühmt ist Weisman für die Disney-Trickserie *Gargoyles* (1994): Disney-Chef Michael Eisner wünscht sich damals Figuren »im Marvel-Stil«, aus denen sich ein möglichst Marvel-artiges Trickfilm- und Spielfiguren-Franchise aufbauen lässt.

Der Preis für den fadesten deutschsprachigen Titel geht an die Trickserie *X-Men: Es geht weiter* (*X-Men: Evolution*, 52 Folgen, 2000 bis 2003). Weil Kinder hier vor allem junge Figuren sehen sollen, trifft Wolverine einen jungen Klon: Laura Kinney (X-23). Ab 2003 zeigen Comics Laura auch auf Erde-616 (anfangs als Kinderprostituierte). Fans nennen Figuren, die außerhalb der Comics entstehen, doch später in den Comics auftauchen, »Canon Immigrants«.

Kate »Kitty« Pryde (1980) ist ein großes Vorbild für Joss Whedons Vampirjägerin Buffy (1992). In *X-Men: Evolution* hat Kate eine Rivalin namens Riley Finn – benannt nach Buffys Ex. In Folge S1E08 tanzen Kate und Rogue genau wie Buffy und Faith (in Folge S3E14 von *Buffy*).

»Toyetic« heißt: als Spielzeug (Toy) attraktiv. Dwayne Taylor (Night Thrasher, in Comics ab 1989) ist Schwarz und hat ein Skateboard. Auch Storms Neffe Spyke in *X-Men: Evolution* ist Schwarz – und bekommt ein Skateboard, damit sich die Spielfigur gut verkauft.

Weil die X-Men im ersten Kinofilm (2000) dunkles Leder tragen, zeigen auch die Comics bald dunkle Kostüme – bis Marvel vorschreibt: bunte Farben sind toyetischer. Humberto Lopez (Reptil) wird 2012 zunächst nur als Spielzeug entworfen – doch der Dino-Mutant wird genau wie Spyke und Laura zum Canon Immigrant.

Disneys Animationsfilm *Baymax* (2014, Originaltitel *Big Hero 6*) basiert nur sehr lose auf *Sunfire & Big Hero 6* (drei Hefte 1998; fünf Hefte 2008) über ein japanisches Team, das so schlecht Englisch spricht, dass es denkt, der Team-Name bedeute »sechs mächtige Held*innen«. Der Vater von Figur Fred sieht im Film aus wie Stan Lee (Lee spricht die Rolle). In aktuellen Comics tritt nach 2008 nur noch der Mutant Sunfire auf. So wächst die Frage: Ist das Team weiterhin Canon für Erde-616?

Als die TV-Serie *Superman: Die Abenteuer von Lois & Clark* 1995 die Hochzeit des Paars zeigen will, bittet DC Comics um Aufschub – bis Comics fertig sind, in denen die Figuren ebenfalls heiraten. Klone verhindern die TV Trauung, das Publikum ist genervt. Schon 1993 stehen Jean und Cyclops in der *X-Men*-Trickserie am Altar. Hier bittet Marvel um Aufschub – aus den gleichen Gründen. Darum ist der Pfarrer ein böser Klon, und erst 1994 (Comics) und 1996 (Serie) glückt die Trauung.

DIE 70ER

Conan der Barbar ist 1970 bis 2003 Teil des Marvel-Universums und trifft in Comics auch immer wieder andere Marvel-Figuren. Auch 2018 bis 2022 zahlt Marvel eine Lizenzgebühr, um Conan nutzen zu dürfen: In *Savage Avengers* #8 (2020) wird er von Doctor Doom zum Essen eingeladen und sagt, Doom trage seine Maske wohl aus Feigheit oder Eitelkeit. Doom legt die Maske ab.

Fans wünschen sich Marvel-Comics zu *Der Herr der Ringe* (H. R. R. Tolkien, 1954) und zu Lin Carters Barbar Thongor (sechs Romane 1965 bis 70) – doch die Comic-Rechte zu *Thongor* sind Marvel zu teuer. *Conan*-Autor Robert E. Howard, geboren 1906, stirbt 1936 durch Suizid. Als Roy Thomas zufällig eine Kontaktadresse für Conans Rechte findet, mietet Marvel die Figur. 1973 erscheinen auch acht *Thongor*-Hefte bei Marvel.

Spideys Gegner Sauron ist nach *Herr der Ringe* benannt: Der Comics Code verbietet Werwölfe – also zeigt Autor Roy Thomas den Therapeuten Karl Lykos, der zum Wer-Flugsaurier wird (ab 1969). Lykos mag Tolkien und nennt sich darum Sauron. Als Spidey ihn fragt, warum jemand, der DNS umschreiben und Leute in Saurier verwandeln kann, nicht lieber Krebs heilt, tobt er: »Ich will aber keinen Krebs heilen. Ich will Leute in Saurier verwandeln.« Das Zitat aus *Spider-Man and the X-Men* #2 (2015) wird zum Online-Meme über die Frage, wie Reiche die Welt (nicht) verbessern.

Shang-Chis Vater ist die rassistische »Yellow Peril«-Gangsterboss-Figur Dr. Fu Manchu (13 Romane von Autor Sax Rohmer, 1913 bis 1959). Marvel lizensiert die Namensrechte, bis Autor Jim Starlin von asiatischen Freund*innen gebeten wird, die Rohmer-Romane selbst zu lesen. Starlin findet die Romane so rassistisch, dass der Name des Vaters nicht mehr erwähnt wird (und 2010 geändert in Zheng Zu).

Vorbild für Shang-Chi ist Kwai-Chang Caine aus der TV-Serie *Kung Fu* (1972 bis 75). Doch weil Marvel die Comic-Rechte zu *Kung Fu* nicht kaufen kann, heißt Shang-Chis Comic *Master of Kung-Fu*, und als Bruce Lee populär wird, sieht Shang-Chi (ab Heft 22, 1974) aus wie Lee. Roy Thomas verlangt, dass Shang-Chis Mutter weiß ist. Jim Starlin gehorcht – gibt jedoch der Mutter keinen Namen: Die Figur hat nur 1973 und 83 zwei Mini-Szenen.

Shang-Chi ist meist der beste Kampfkünstler auf Erde-616. Danny Rand (Iron Fist, ab 1974) dagegen ist auf Erde-616 meist der stärkste *mystische* Kampfkünstler. Ab 1977 sind Colleen Wing (erfunden 1974 für Dannys Comics) und Misty Knight (erfunden 1975, hat oft Romanzen mit Danny) das Duo »Daughters of the Dragon«.

Luke Cage (Power Man, erfunden als *Hero for Hire*, 1972) ist der erste Schwarze Comic-Superheld mit eigener Heftreihe – ein Vorbild sind die Blaxploitation-Filme ab 1968. In solchen Schwarzen Filmen wird viel geflucht. Luke dagegen nutzt nur harmlose »Flüche« wie »Sweet Christmas«.

Als sich die Comics zu Danny und zu Luke schlechter verkaufen, werden die Figuren zum Duo »Heroes for Hire« und ihre Heftreihen zur gemeinsamen Reihe *Power Man and Iron Fist* (1978 bis 86). Auch die Reihe *Cable & Deadpool* (2004 bis 2008) verkauft sich besser als zuvor *Cable* und *Deadpool*.

1975 ist L. Frank Baums altes Kinderbuch *The Wonderful Wizard of Oz* (1900) gemeinfrei: Marvel muss niemandem Lizenzgebühren zahlen, um daraus Comics zu machen. Als Marvel hört, dass DC die Comic-Rechte am MGM-Film *The Wizard of Oz* (1939, die Verfilmung des Buchs) gemietet hat, drucken die Verlage (ganz ohne Wettlauf und Konkurrenz) gemeinsam *MGM's Marvelous Wizard of Oz*. 1976 erscheint *Superman vs The Amazing Spider-Man: The Battle of the Century*, 1981 *Superman and Spider-Man* sowie *Batman vs. The Incredibe Hulk*, 1982 *Uncanny X-Men and The New Teen Titans.*

Erst 1976 wird auch Stanley Kubricks Film *2001* (1968) ein Lizenz-Comic bei Marvel. Für Heft 8 erfindet Jack Kirby die Figur Mister Machine. Seit einem *Machine Man*-Comic 1978 lebt die Figur auf Erde-616: Die Figur gehört allein Marvel – Stanley Kubrick verdient an neuen Auftritten nichts.

Zu Halloween 1972 sind drei Hefte (zu) lose verknüpft: Beim Kampf gegen Schurke Juggernaut gerät Hank McCoy (Beast) in Rutland (Vermont) in einen Grusel-Umzug zum Thema »Super Heroes« (*Amazing Adventures* #16). Später kämpft die Justice League zufällig vor Ort gegen Magier Felix Faust (*Justice League* #103, DC). Noch später prügeln sich Thor und Loki in der Nähe (*Thor* #207). Die drei Autoren der Hefte Gerry Conway, Steve Englehart und Len Wein sowie Weins damalige Frau Glynis sind in allen drei Heften zum Feiern in Rutland und sagen den Figuren hallo.

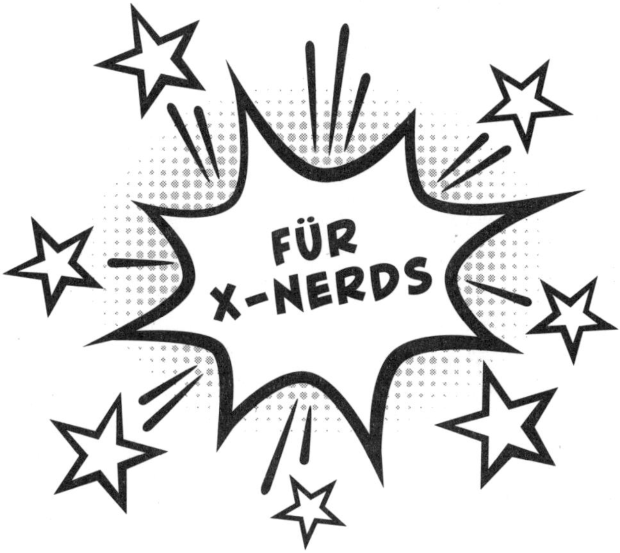
FÜR
X-NERDS

Charles Xavier nutzt einen Rollstuhl und leitet die Privatschule Xavier's School for Gifted Youngsters. Professor X nutzt einen Rollstuhl und kommandiert fünf (weiße) Teenager herum: Angel, Beast, Cyclops, Iceman und Marvel Girl.

»Hey Bishop: Wir nennen uns Iceshop. The hottest new Team on the Streets!« Weil Bobby Drake (Iceman) Angst oft mit kindischem Witz überspielt, ist die Figur im Film *X-Men*, im Ultimate Universe und in der Trickserie *Evolution* (alle ab dem Jahr 2000) deutlich jünger – obwohl die vier anderen Original Five (O5) meist über 20 sind und auch Bobby in aktuellen Comics um die 30.

Auch alle folgenden X-Men – der Kraft-Kopierer Mimic, Gestaltwandler Changeling, Cyclops' kleiner Bruder Havok und dessen große Liebe Polaris (sie hat Magnetkräfte) – sind anfangs weiße Figuren. Ab Ende 1970 zeigt das *X-Men*-Heft nur noch Nachdrucke: ›Wiederholungen‹ alter Comics. Das Heft und die Figuren sind kaum gefragt.

Lange leben die O5 im »X-Mansion«: ein als Labor und Internat genutztes Herrenhaus, das Charles' Familie im 18. Jahrhundert baut. Als das Personal frei hat, kocht Jean in *X-Men* #6 (1964) für alle Männer. In *Fantastic Four* #14 (1963, auch hier textet Stan Lee) sagt Sue, sie mache jetzt besser sauber. »So lange du das leise tust«, fordert Reed. Berühmt ist auch Reeds Satz: »Wives should be kissed, and not heard.« (»Ehefrauen sind zum Küssen da – und nicht, damit man sie hört.«)

In *X-Men* #3 (1963) sagt Charles Xavier zu sich selbst, die 16 Jahre alte Jean Grey sei »the one I love« (»die liebe ich!«), doch weil er Anführer ist und »confined to this wheelchair« (»an den Rollstuhl gefesselt«), hat er keine Chance.

Korrekte Sätze: »Mutant Max Eisenhardt (Magneto) ist deutsch und jüdisch, seine Frau Magda ist Romni. Die erste Tochter Anya (keine Mutantin) stirbt bei einem Pogrom, die Zwillinge Pietro (Quicksilver) und Wanda (Scarlet Witch) werden von Roma aufgezogen (und haben die mutierte Kuh Bova als Amme). Max überlebt die Shoah, doch Magda stirbt in Auschwitz. Mit Suzanna zeugt Max später die Tochter Lorna (Polaris).«

Fast alles an Magnetos Leben wird weit nach 1963 hinzugedichtet – der Name Max zum Beispiel in fünf tollen Heften, die Kindern (ab etwa zehn Jahren) Nazi-Deutschland erklären: *Magneto Testament*, 2008. Erst ab *X-Men* #151 (1981) wird Magneto als jüdisch erzählt; und 2015 wird ›enthüllt‹, dass Wanda und Pietro doch nicht seine Kinder sind und kein X-Gen haben – damit die Zwillinge besser ins MCU passen statt in Fox' *X-Men*-Filme.

»Heute: Registrierung. Morgen: Gaskammern«, sagt Forscherin Moira MacTaggert (in Comics von 1981) über Staaten, die Mutant*innen in einer Datenbank erfassen wollen.

Überraschend wenige Hefte zeigen Unterricht und Internats-Alltag. *New Mutants* wird wegen Zeichner Bill Sienkiewicz gefeiert (ab Heft 18, 1984); später ist *Wolverine & the X-Men* (2011, im selben Stil auch 2020 *Strange Academy*) beliebt, doch oft zu kindisch gezeichnet (besser bei DC: *Gotham Academy*). Xavier (und später Emma Frost) wollen an der Akademie oft nicht vor allem neue X-Men ausbilden, sondern alle Mutant*innen aufs Leben vorbereiten. Viele wollen niemals kämpfen oder in Teams.

Magneto und Professor X wissen nicht, dass sie Brüder sind – plant Stan Lee ursprünglich. Darum hat Magneto in frühen Heften auch telepathische Kräfte.

Grant Morrison zeigt 2001 lieber: Als Charles noch ein Fötus ist, wächst ein Alien-Parasit neben ihm in der Fruchtblase. Der noch ungeborene Charles tötet den »Mummudrai« durch Gedankenkraft, doch in der Kanalisation formt sich der Zellhaufen zum ›bösen Zwilling‹ Cassandra Nova. In Comics, fast 40 Jahre nach *X-Men* #1, verrät die glatzköpfige Telepathin Cassandra der Welt: Professor X ist Charles Xavier.

Für Wanda und Pietro ist anfangs geplant, dass ein Super-Ehepaar, das schon im Zweiten Weltkrieg gekämpft hat, ihre wahren Eltern sind: Miss America und Whizzer.

Genosha ist ein (fiktiver) Inselstaat nördlich von Madagaskar: Wer dort mit X-Gen geboren wird, muss Zwangsarbeit leisten. Als Kritik an Apartheid scheitern die Comics zu Genosha – denn als die X-Men helfen, errichten die befreiten Mutant*innen bald eine eigene, noch schlimmere Diktatur (*Magneto Rex*, 1999). In »Marvel Noir«-Comics von 2009 ist Genosha Bay das Guantanamo Bay (Foltergefängnis) von Erde-90214.

Auf Muir Island (bei Schottland) steht nur ein kleines Labor von Forscherin Moira MacTaggert. Madripoor (bei Singapur) ist ein korrupter Inselstaat. Auf Mykines (ein realer Ort: die westlichste Insel der Faröer) gibt Emma Frost in Comics von 2021, 22 und 23 die diplomatische »Hellfire Gala«. Utopia (bei San Francisco) ist eine Inselfestung der X-Men, erbaut aus Magnetos Basis »Satellite M«.

Vor dem Satelliten nutzt Magneto die Basis »Island M« (im Bermuda-Dreieck): Er hebt eine Insel vom Meeresgrund, die der Tentakel-Dämon Shuma-Gorath, Gegner von Doctor Strange, vor Millionen Jahren versenkte. (Der Name Shuma-Gorath ist von *Conan*-Autor Robert E. Howard übernommen – darum muss Marvel Lizenzgebühren zahlen, um ihn zu nutzen.)

Sunfires Mutter überlebt 1945 Hiroshima. Banshees Familie hat ein Schloss in Irland. Storm wird in Kenia als Wettergöttin verehrt. Nightcrawler reist als Kind mit dem Zirkus durch Süddeutschland. Wolverine kommt circa 1888 als reicher Erbe James Howlett in Alberta (Kanada) zur Welt. Colossus (und seine Schwester Illyana) leben auf einer Sowjet-Farm (Kolchose) in Sibirien.

Giant-Size X-Men #1 (Autor: Len Wein, Zeichner: John Cockrum, 1975) zeigt das neue Team (sowie Cyclops und den Apachen John Proudstar, der bald stirbt) auf der Insel Krakoa: Die Insel ist ein Mutant und saugt an der Lebenskraft von Angel, Iceman, Havok, Jean und Polaris. »Was tun wir mit 13 X-Men?«, fragt der erfolgreiche Neustart-Comic. Ab jetzt wird *X-Men* reicher, komplexer, internationaler.

Wolverine hat einen 1946 geborenen Sohn, der Pheromone aussenden und damit Leute verführen kann: Akihiro (Daken) altert kaum und verführt Leute aller Geschlechter.

Jean Grey liebt Ehemann Cyclops – und Wolverine: In Comics ab 2019 haben beide Männer Schlafzimmer, die direkt in Jeans Zimmer führen. Füreinander haben Cyclops und Wolverine keine Gefühle – doch Fans lachen, als einer Teenager-Version von Cyclops (im schwungvollen *All-New X-Men*, ab 2012) klar wird, dass er Wolverines Klon Laura (X-23) attraktiv findet.

Ab *House of X/Powers of X* (2019) ist die Insel Krakoa ein Staat, der alle Mutant*innen willkommen heißt – auch Kriminelle wie Amahl Farouk (alias Shadow King: Er liebt es, den Willen anderer zu brechen). Auf Krakoa haben Mutant*innen zwar nicht »den Tod besiegt«, können aber gespeicherte Psychen in neue, leere Körper einsetzen. Aus Blumen lässt die Insel auch Portale wachsen, durch die man an jeden Ort kommt, an dem ein zweites Portal gepflanzt wird: auf den Mars, an Bord von frei fliegenden Raumschiffen, oder die begehbare Psyche von David Haller (Legion), wo Nightcrawler zu Sex-Partys und philosophischen Diskussionen einlädt.

Karma, Magma und Magik sind Freundinnen aus *New Mutants*. Match, Maggot und Mondo sind recht junge Mutanten. Marrow, Masque und Mole gehören zu den Morlocks: Mutant*innen in Tunneln unter New York, bedroht durch Mister Sinisters Team Marauders (1986 im Crossover *Mutant Massacre*). Auch Meggan, Manon, MeMe und Mercury sind Mutantinnen. Magpie ist Schurkin bei DC.

Xabi (erfunden 2014) gehört seit Jahren zum Team. Doch nur bei direktem Blickkontakt wird er gesehen und bemerkt – schauen Leute weg und wieder hin, denken sie, er sei ein völlig Fremder. Meist kennt nicht einmal das Team seinen Namen: ForgetMeNot.

Schurke Unus the Untouchable (der Unantastbare) ist durch ein Kraftfeld geschützt – bis er erstickt, als das Feld stärker wird und Luft abweist. »Unus the Untouchable? Den habe ich aber sowas von betatscht!«, prahlt Bobby Drake (Iceman) in Comics von 2013. Bis er merkt, wie creepy das klingt.

Schade, besonders in Team-Büchern: dass auch Figuren, die konstant vorkommen, meist nur fünf bis acht interessante kurze Momente pro Jahr haben. Zehn Rollen auf monatlich 20 Seiten Comic – das ist kein Vergleich zu einer TV-Figur, die oft in 22 Folgen einer Serien-Staffel auftritt.

Mit 13 neu in *X-Men* (1980): Kate Pryde. Mit 13 neu in *X-Men* (1989): Jubilation Lee (Jubilee). Rogue ist schon 1981 deutlich älter – wird jedoch im ersten Kinofilm (2000) als Schülerin gezeigt. Darum plant Grant Morrison kurz, Rogue in den Comics durch eine junge Version zu ersetzen. Und darum ist für Leute, die nur Film-Rogue kennen, im Jahr 2000 widerlich, nachzulesen: Rogue ist in Comics von 1991 mit Magneto zusammen. Bei der Filmpremiere von *X-Men* im Juli 2000 ist Anna Paquin 17 Jahre alt, Ian McKellen 61.

Autorin Ann Nocenti erfindet 1985 das Mojoverse – eine Dimension, in der Einschaltquoten und Unterhaltungswert alles entscheiden –, und dankt dafür den Medientheoretikern Ben Bagdikian, Noam Chomsky, Marshall McLuhan, Mark Hertsgaard und Walter Lippman. In *X-Factor* (2019) zeigt Autorin Leah Williams: Statt Grenzschutz hat das Mojoverse jetzt Livestreams. Das Publikum stimmt via Emojis ab, wer spannend genug ist, um einreisen zu dürfen.

»Long Shot« heißt »weit hergeholt« oder »Glückssache«. Ein Pop-Album von Dazzler heißt *Luck is a Longshot* – denn die Mutantin und Longshot sind oft ein Paar und haben einen Sohn, Shatterstar. Vorlage für Longshots blonde Fransen-Föhnfrisur ist 1985 Sänger Limahl (»Neverending Story«). Longshot ist kein Mutant, sondern wird auf Mojoworld aus Gen-Material designt. Er hat Glücks-Kräfte – nah an den frühen Kräften von Scarlet Witch, von Domino und von Black Cats »Laufe ich über euren Weg, habt ihr Pech«-Kraft.

In *X-Men* #47 (1995) verliert Dazzler ein Kind in der Schwangerschaft. Doch *X-Factor* #259 (2013) zeigt: Mephisto hext Held Shatterstar in die Vergangenheit. Dort zeugt Arize aus Shatterstars Gen-Material Longshot. Als Shatterstar dann Dazzler trifft und sich im Baby erkennt, das Dazzler gerade zur Welt gebracht hat, fälscht er Dazzlers Erinnerung und schickt sein Baby-Ich durch die Zeit an seine Adoptiveltern: Longshot zeugt Shatterstar »zeugt« Longshot. Longshot ist sein eigener Großvater, und beide Männer sind ihr jeweiliger Erzeuger.

Marvel will einen Kinofilm mit Donna Summer, Cher, Rodney Dangerfield, Robin Williams, den Village People und Kiss drehen – über die Schwarze Disco-Sängerin Disco Dazzler, die aussehen soll wie Grace Jones und auch als Comic geplant wird. Als die Plattenfirma Casablanca aus dem Projekt aussteigt, aber Bo Derek Interesse hat, wird aus der Schwarzen Disco Dazzler die weiße Figur Dazzler. Am Ende gibt es gar keinen Film – nur eine Mutantin im Disco-Look ab 1980. (Disco als Trend ›stirbt‹ schon am 12. Juli 1979, auf der rassistischen »Disco Demolition Night« in Chicago.)

Kate Prydes Drache Lockheed heißt wie der Rüstungskonzern Lockheed – weil Autor Chris Claremont Flugzeuge liebt (die Eltern und der Onkel waren in der britischen Royal Air Force) und militärische Science-Fiction von Robert A. Heinlein (*Starship Troopers*, 1959).

Claremont erfindet die Schurkin Rogue, die alle Kräfte der Pilotin Carol Danvers (Ms. Marvel) aufsaugt – und dauerhaft behält. Rogue soll – wie zuvor schon Disco Dazzler – aussehen wie die Schwarze Sängerin Grace Jones. Doch Zeichner Michael Golden kennt Grace Jones nicht und zeichnet eine weiße Figur.

Durch *Rocky 3* (1982) und die TV-Serie *Das A-Team* (1983 bis 87) wird Mr. T zum Star. Kann seine Frisur auch Storm beliebter machen? Erst gibt es im Verlag nur Witze – doch dann trägt Storm Leder und rasiert sich den Kopf; nur mittig steht noch Haar (*X-Men* #173, 1983). Kate Pryde ruft »How could you?« und rennt weinend fort.

Seit 2004 bloggen Fans – ohne Namen und Quellen zu nennen –, dass sich Chris Claremont gern Dominas im Storm-Look bucht. Szenen mit Fetisch- und Leder-Outfits sind Claremont sichtbar wichtig. Die Figuren Emma Frost und Vampirin Selene lieben Rollenspiele, Hierarchien und sind dominant. Sebastian Shaw ist ein masochistischer Snob, der »stärker wird, je mehr du ihn schlägst« (schreibt TV Tropes zugespitzt): Der Mutant speichert Gewalt und gibt sie später meist geballt zurück.

In Comics von Mark Gruenwald (1953 bis 1996) sind Fessel-Szenen auffällig detailliert. Zeit-Wächter Mobius M. Mobius hat Gruenwalds Gesicht und Frisur – weil Gruenwald und Mobius Experten sind für Canon und Details aus alten Comics. Als Gruenwald an Herzversagen stirbt, wird seine Asche den Druckfarben für den späten Sammelband seiner beliebtesten Reihe beigemischt: *Squadron Supreme* von 1985. (Schon 1977 ist einem Heft zur Band Kiss das Blut der Band beigemischt.)

Auf Erde-616 hat die literarische Figur Sherlock Holmes ein historisches, reales Vorbild: Eric Raven war Detektiv, meist begleitet von Irene Adler. Hinter »Eric« steckt Mystique, die weiß: Kriminalfälle löst man damals besser als Mann getarnt.

Amahl (Shadow King) sagt: Irene (Destiny) ist der »Leman« von Mystique. Weil niemand bei Marvel das arabische Wort kennt, wird es nicht gestrichen: »Leman« heißt Liebhaber*in (*X-Men* #265, 1990).

Mystique und Irene sind für Rogue wie Adoptiveltern. Chris Claremont will in den 80er Jahren auch zeigen: Irene war schwanger von Mystique und hat Kurt Wagner (Nightcrawler) zur Welt gebracht. Doch 2004 zeigt Autor Chuck Austen lieber: Mystique lebt »vor 20 Jahren« (1984?) mit Baron Christian Wagner in Bayern im Luxus – wird jedoch schwanger vom Dämon Azazel. Fans finden Azazel erst öde. Doch weil Kurt den lässigen Filmstar Errol Flynn mag, wird bald auch Kurts Vater aus der Hölle oft gezeigt wie Flynn: als akrobatischer, charmanter »Swashbuckler«.

Als Jean Grey im All die Energie ausgeht, zapft sie eine Sonne an – doch die Sonne wird zur Supernova und fünf Milliarden D'Bari sterben. Damals ist Jean Wirtskörper der kosmischen Phoenix Force – und opfert sich, damit sie (als »Dark Phoenix«, voll kosmischer Kraft) nicht noch mehr Leben auslöscht. 30 Hefte später trifft Cyclops eine Pilotin ohne Kräfte, die aussieht wie Jean. Sie heiraten.

Rachel Summers ist auf Erde-811 die Tochter von Jean und Scott (Cyclops). Ab Comics von 1981 lebt Rachel auf Erde-616, oft bei Scott. Die Pilotin Madelyne Pryor und Scott bekommen den Sohn Nathan. Als recht alter Soldat reist Nate (Cable) aus der Zukunft zurück ins Heute und ist seitdem oft bei Scott und seiner ›Halbschwester‹ Rachel (ab *New Mutants* #87, 1990). Mr. Sinister baut auf Erde-295 aus Scotts und Jeans DNS das Kind Nate (X-Man, ab 1995). Nate-295 lebt als Erwachsener auf Erde-616 und verliebt sich in Madelyne – obwohl Madelyne jetzt weiß: Sie ist ein Klon von Jean.

Nervensäge Quentin Quire (Kid Omega) nennt Menschen Neandertaler sowie »überholt« und hasst besonders auch ältere Leute (Ageismus). Auch »Sapien« (von »Homo Sapiens«) und »Flatscan« (von: bei einem Scan schlägt da nichts aus) sind abwertende Begriffe für Personen ohne X-Gen. Graydon Creeds Gruppe »Friends of Humanity« will die X-Men vernichten – weil Creeds Mutter Mystique ihn als Baby fortgab, weil er kein X-Gen hat. (Vater ist der Mutant Victor Creed, Sabretooth.)

Dave Cockrum ist nicht gläubig und will, dass auch Kurt Wagner (Nightcrawler, 1975 von Cockrum erfunden) als Atheist gezeigt wird. 1980 will Chris Claremont zeigen, dass Kurt jüdisch (und religiös) ist. Roger Stern und John Byrne wenden ein: Es gibt durch Deutschlands Verbrechen bis 1945 kaum noch jüdische Deutsche in Kurts Alter – also wird Kurt stattdessen streng katholisch.

Kurt sagt oft »Ach«, »Ja« und – das vermeiden gläubige Deutsche meist – »Verdammt« sowie »Mein Gott!«. Auch Ausrufe wie »Hoppla« und »Heiliger Strohsack!« machen Spaß. Dass er Beast »Liebchen« nennt, passt nicht zu den Figuren – doch dass Marvel »Leibchen« schreibt statt »Liebchen«, passt zu Marvel. Kurt kommt aus Winzeldorf: »tief im Schwarzwald« und »in den bayerischen Alpen«. Zu Kate »Kitty« Pryde sagt er »Kätzchen« (wenigstens nicht »Kätzle« oder »Katzerl«), doch auch »Katschen« kommt vor – und das berühmte deutsche Wort »Lieberstesh«.

Damit Inhumans Kräfte entwickeln, brauchen sie die Terrigen-Nebel. In *Inhumanity* (2013) streut eine Terrigen-Bombe neue Nebel – und Menschen mit dem Inhuman-Gen, die bisher keine Kräfte haben, werden zu »NuHumans«. In New Jersey wird Kamala Khan (16) zur neuen Heldin Ms. Marvel.

Im MCU ist Kamala eine Mutantin statt ein NuHuman – weil 2017 die TV-Serie *Inhumans* (acht Folgen, Herrscher Black Bolt ist 2022 auch kurz in *Doctor Strange 2* zu sehen) floppt und weil Marvel nur 2013 bis 2017 glaubt: »So lange Fox die Filmrechte an den X-Men hat, brauchen wir NuHumans statt Mutant*innen!«

Fantomex hat drei Gehirne. Als er stirbt, landet jedes Hirn irrtümlich in einem separaten Klon-Körper. Ein Körper hat Brüste und eine Vulva. Zuerst glaubt Betsy Braddock (Psylocke), das meiste, das sie an Fantomex liebt, lebe im ›schwierigsten‹ der drei Klone weiter: einem recht toxischen Macker. Dann merkt sie: Sie findet den Klon mit Brüsten charakterlich und körperlich am attraktivsten (ab *X-Force* #35, 2012 – ab 2020 liebt Betsy dann Rachel Summers).

In *X-Men* #66 (März 1970) ist Hank McCoy (Beast) höchstens 18 und noch nicht im College. In *Amazing Adventures* #11 (März 1972) hat er einen Doktortitel. In einer dystopischen Zukunft (Erde-295: das »Age of Apocalypse«, 1995 erstmals in Comics gezeigt) wird er zum bösen »Dark Beast«. Auch in Krakoa-Comics ab 2019 geht Beast als Folter-Arzt in einem geheimen Gefängnis über Leichen.

Nathan Essex experimentiert an KZ-Gefangenen – und verteilt (wie der reale KZ-Mörder Josef Mengele) Süßigkeiten an Kinder, die er später tötet. Essex' alberner Name »Mister Sinister« soll Kinder erschrecken – denn 1986 ist die Grundidee zur Figur nicht »Eugeniker im KZ«, sondern: »Falls jemand, der selbst kindlich denkt, einen bösen Kinderschreck erschafft: Wie sähe die Figur wohl aus?«

»Was geschah vor acht Monaten?«, fragen 2015 viele Marvel-Heftreihen und zeigen die Antwort erst später. Weil Marvel den Autor*innen nur vage sagt: Scott ist tot und hat *etwas sehr Schlimmes getan,* wird Scotts junges Ich »Baby Hitler« genannt. Am Ende enthüllt *Death of X*: Mutant*innen sterben, wenn sie Terrigen-Nebel einatmen. Also ›deaktiviert‹ Scott diese Nebel (und wird dafür von Black Bolt mit einem Schrei vernichtet).

In *Star Wars: The Last Jedi* (Dezember 2017) kann Luke Skywalker nicht erschossen werden: Sein Körper ist nur eine Projektion – Luke sendet sie mental, von einem anderen Planeten aus. In *Death of X #4* (November 2016) gibt Emma zu: Scott ist schon lange vor Black Bolts Schrei gestorben – an den Nebeln. Der ›Scott‹, der die Nebel stoppt, ist eine telepathische Projektion von Emma.

Erst seit den 80er Jahren soll Magneto an Malcolm X erinnern, Charles Xavier an Martin Luther King. In *X-Men: God loves, Man kills* (1982) sagt Scott: »You brought us together to fulfill a dream, Charles.« Seitdem werden gleiche Rechte für Mutant*innen immer wieder »Xaviers Traum« genannt und mit Martin Luther Kings »I have a dream«-Rede (1963) verglichen.

Die Inhumans lieben Eugenik, Monarchie, Abschottung, Imperialismus und ihr Kastensystem: Als Herrenvolk herrscht eine ›biologisch überlegene‹ Elite über die ausgebeuteten »Alpha Primitives«. Für ›brauchbaren, hochwertigen, hochgezüchteten‹ Nachwuchs sollen sich Inhumans mit besonders nützlichen Kräften paaren – und neue Primitives kann man erschaffen, indem man die »Slave Engine« aktiviert. Die elitären Inhumans selbst werden von den Kree aus Steinzeitmenschen gezüchtet. Die elitären Eternals – und die Deviants, darunter auch die Skrull – werden weit vorher von den Celestials gezüchtet.

DIE 80ER

Das »Bronze Age« beginnt mit dem Tod von Gwen Stacy (1973) und endet 1986 vor allem durch drei gefeierte, moderne Comics bei DC: *Watchmen*, *The Dark Knight Returns* und *Crisis on Infinite Earths*.

In zwölf Heften ab 1985 zeigt *Crisis*, wie aus zahllosen Erden im DC-Multiversum (Billy Batson lebt auf Erde-S, aktuelle Figuren wie Barry Allen auf Erde-1, auf Erde-2 haben ältere Figuren wie Jay Garrick den Zweiten Weltkrieg miterlebt) eine einzige Erde wird. Als Marvel vom Projekt erfährt, soll das Event *Secret Wars* (zwölf Hefte ab 1984) schnell alle beliebten Marvel-Figuren bei großen Kämpfen zeigen – damit Kinder Spielfiguren kaufen, um die Kämpfe nachzuspielen. Doctor Doom stirbt in *Fantastic Four* #260 (1983), doch um Lust auf Dooms Spielfigur zu machen, zeigt Autor Jim Shooter ihn lebendig. Autor John Byrne soll sich in *Fantastic Four* überlegen, warum Doom wieder lebt.

Kate Pryde (14) und Piotr Rasputin (Colossus, 19) als Liebespaar? Weil der Altersunterschied zu oft ›romantisch‹ erzählt wird, zeigt Jim Shooter 1984 in *Secret Wars* kurz Zsaji – eine außerirdische Heilerin, die ihr Leben opfert und Piotr so beeindruckt, dass er mit Kate Schluss macht. Bei DC dagegen hat die kindliche Arisia – ein 13 Jahre altes Alien und ab 1981 Teil des Green Lantern Corps' – 1986 Sex mit Hal Jordan. Hal ist in Batmans Alter. Doch 13 Jahre, beruhigt Arisia als Retcon, dauern auf ihrer Heimatwelt Graxos IV so lange wie 240 Jahre auf der Erde.

Die US-Medienaufsicht FCC rügt 1969 die Trickserie *Hot Wheels*: »Das ist eine 30 Minuten lange Werbung für Mattels Spielzeugautos.« Doch weil erst 1997 Gesetze greifen, die solche Serien stärker einschränken, sind Comics und das Kinder-TV der 80er meist »toy-driven«: Der Antrieb ist, Spielzeug anzupreisen.

Ab *Spider-Man* #126 (1973) darf sich Spidey einen Allrad-Buggy mit Spinnenmuster bauen (als bezahlte PR einer Autofirma auf Erde-616). »Ein Fiasko!«, ruft Peter. Doch Stan Lee will das Batmobil überholen: Ab 1974 verkauft Azrak Hamway wechselnde Spielzeug- Modelle des Buggys – und noch *Across the Spider-Verse* (2023) zeigt ihn als Spider-Mobile »Peter Parkedcar«.

Marvel nennt sich ab Ende 1986 »Marvel Entertainment Group«, geht 1991 an die Börse – und muss Ende 1996 Konkurs anmelden. Schon in den 70er Jahren haben Marvel-Comics zwar fast jeden Monat den höchsten Absatz und den größten Marktanteil, doch hohe Gewinne bringen nicht die Hefte selbst, sondern Spielzeug, Filmrechte, Merchandise, Sammelkarten und Gaming; und als der US-Markt für Heftreihen 1993 (nach einem Hype und einer »Blase«) um 70 Prozent einbricht, weiß der Verlag: Der Kern der Marke sind nicht die Comics – sondern die Figuren.

1984 überlegt Warner Bros., die Rechte an den DC-Figuren zwar zu behalten, doch DC-Heftreihen nicht mehr im eigenen Verlag DC Comics zu produzieren, sondern an Marvel zu lizenzieren – weil beide Seiten denken, dass Marvel die besseren und erfolgreicheren Comics macht (das stimmt auch oft, bis etwa 1986). Der Deal kommt nicht zustande, weil Marvel-Präsident James Galton glaubt, dass die DC-Figuren nicht besonders gut sein könnten – sonst müssten sich die Heftreihen besser verkaufen.

Mitte 1996 versucht auch Marvel, die Arbeit an Comicreihen an Agenturen und freie Studios auszulagern: *Heroes Reborn* (ab Sommer 1996) hat vernichtende Kritiken. Für 13 Hefte werden *Iron Man*, *Captain America*, *Fantastic Four* und *Avengers* außer Haus produziert (von Jim Lee bei WildStorm und von Rob Liefeld bei Extreme Studios). Franklin Richards, der übermächtige Sohn von Sue und Reed, macht in *Heroes Return* (Ende 1997) alles rückgängig.

DAS ULTIMATE UNIVERSE

»Ground Zero« heißt Ausgangspunkt oder Punkt, an dem die Bombe einschlägt. Im Herbst 2001 ist der Begriff durch die Anschläge aufs World Trade Center weltweit präsent. Schon im Herbst 2000 zeigt Marvel in einer möglichst ›heutigen‹, einstiegsfreundlichen *X-Men*-Reihe frische Varianten der alten Figuren. Arbeitstitel ist »Ground Zero« – schlussendlich aber wählt man »Ultimate Universe«.

Nach *Ultimate X-Men* (Autor: Mark Millar) schlägt Millar auch *Ultimate Avengers* vor – doch Kurt Busiek schreibt seit 1998 die *Avengers*-Reihe zu Erde-616 und verlangt für die neue Welt (Erde-1610) einen anderen Team-Namen und Heft-Titel. Millars *The Ultimates* startet Anfang 2002. Doch weil Busiek Angst hat, sein Stil könne im Vergleich altmodisch genannt werden, steigt er als *Avengers*-Autor aus.

Typisch fürs Ultimate Universe: »Wo bringen Sie mich hin?«, fragt Professor X, als Mr. Sinister den Rollstuhl packt. »Zum größten *wahren Gegner* des großen Charles Xavier!«, höhnt Sinister: »Zur Treppe!«

Janet van Dyne (Wasp) wird vom Schurken The Blob aufgebissen und ausgeweidet. Die Zwillinge Wanda und Pietro haben Sex – und als Steve Rogers das irritiert, finden alle anderen ihn altmodisch. Als Wolverine und Peter Parker die Körper tauschen, drängt Wolverine die 15 Jahre alte Mary Jane zum Sex (*Ultimate Spider-Man* #66, 2004). Schlagworte für solche pseudo-erwachsenen, billig-provokanten ›Verschärfungen‹ sind »grim 'n' gritty« und »edgy«.

Snowbird, eine Göttin der Inuit, ist auf Erde-616 blond und blauäugig. Erst im Ultimate Universe wird sie als Frau of Color gezeigt. Ultimate Captain America ist von Mark Millar als Schwarzer US-Soldat und Veteran des ersten Golfkriegs geplant – doch Marvel wendet ein, so sei die Figur nicht mehr »iconic«. (»Ikonisch« sind Bilder und Konzepte, die so stark wirken, dass Leute sagen: »Das ist eine Klasse für sich!«)

Nick Fury ist auf Erde-1610 Schwarz und wird 2002 von Bryan Hitch gezeichnet wie Samuel L. Jackson. Der Schauspieler sieht das erst, als er sich privat neue Comics kauft (bei Golden Apple in Los Angeles). Weil man ihn vorher nicht um Erlaubnis fragte und seine Agentin bei Marvel anruft, hat Marvel Angst vor einer Klage und bietet an: Falls Fury je in einem Film gezeigt wird, darf Jackson die Rolle spielen.

Erde-1610 liegt näher an der realen Alltagswelt als Erde-616. Darum witzelt Peters Clique, dass ein Freund bestimmt gleich vorschlägt, »dass wir zum zehnten Mal *The Dark Knight* sehen« (2009). Doch auch auf Erde-616 ruft ein Kind, als es Daredevil sieht »Look, it's Red Batman« (2011), und im MCU-Film *Eternals* (2021) erklärt der etwa achtjährige Jack seinen Vätern, als Ikaris anfliegt: »Das ist Superman.« Jack kennt Superman als TV-Figur.

Frank Castle (Punisher) tötet gezielt – aber nur »die Schuldigen« (»Castle« kommt von »Castiglione«, in etwa: Bestrafer). Zweifelt er an sich, falls er versehentlich Unschuldige tötet? In *Ultimate Avengers vs New Ultimates* #3 (2011) feuert er auf Peter Parker. Darum stirbt Peter in derselben Nacht im Kampf gegen die Sinister Six. Frank muss ins Gefängnis – und bringt dort einfach weitere Insassen um, die aus seiner Sicht »den Tod verdienen«.

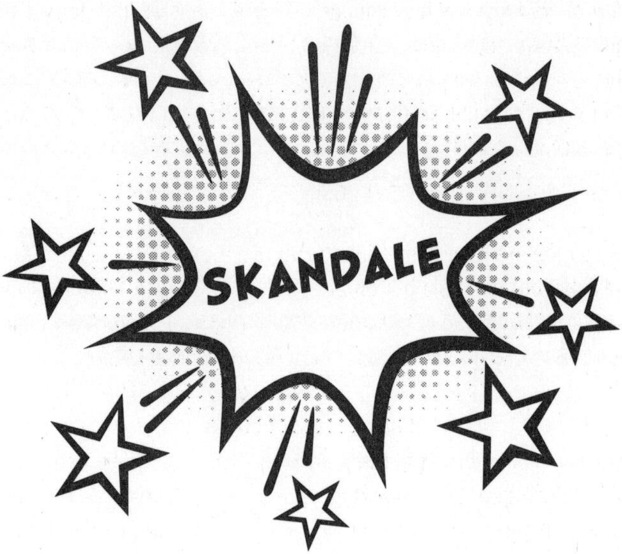
SKANDALE

Für *Men of Tomorrow*, ein Sachbuch über Joe Shuster und Jerry Siegel, gewinnt Comicforscher und -autor Gerard Jones 2005 den Eisner Award. 2018 bis 2022 ist er wegen Besitzes von Kinderpornografie in Haft. Anfang der 90er Jahre schreibt er für Marvel *Wonder Man* und *Hulk 2099*, für DC *Green Lantern*.

Ab 1993 sagen mehrere minderjährige Jungen (und später junge Männer) über Michael Jackson, sie hätten als Kind durch ihn sexualisierte Gewalt erfahren. Zur etwa selben Zeit sagt Jackson, er wolle Spider-Man in einem Kinofilm spielen, Regie führen oder gleich ganz Marvel kaufen.

Adam Savage (*Mythbusters*) sammelt MCU-Requisiten und baut eigene Iron-Man-Rüstungen. 2022 bietet Savage seiner Schwester Miranda eine finanzielle Einigung an, nachdem sie gerichtlich klagt, er habe sie etwa drei Jahre lang wiederholt zum (unter anderem) Oralsex gezwungen, seit sie sieben war und er neun.

2000 bis 2016 führt Bryan Singer Regie bei vier *X-Men*-Filmen (und 2006 bei *Superman Returns*). Ab 1998 sagen immer wieder junge und teils minderjährige Männer, sie hätten durch Singer sexualisierte Gewalt erfahren.

2019 sagt Jeremy Renners Exfrau, Renner habe 2018 im Haus eine Waffe abgefeuert und gedroht, sie und sich selbst zu töten. 2022 sagt eine Fünfzehnjährige, Mohan Kapoor (geboren 1965, er spielt den Vater von Kamala Khan) habe Nacktfotos von sich geschickt. Anfang 2023 sagen neun Quellen, Jonathan Majors (er spielt Kang) habe eine Partnerin bedroht und gewürgt. Mitte 2023 nennt eine Ex-Kollegin Tenoch Huerta (er spielt Namor) auf Twitter »Predator« (Nötiger, sexueller Triebtäter).

2016 spendet Isaac Perlmutter, damals CEO von Marvel, eine Million Dollar an Donald Trump. 2020 spenden Perlmutter und seine Frau 21 Millionen; auch eine Trump-Kandidatur 2024 wollen sie mit-finanzieren.

Der Disney-Konzern kündigt Perlmutter 2023, spendet allerdings bis 2022 ebenfalls Millionen an rechte Politiker*innen wie Ron DeSantis.

Marvel-Filme werden oft vom US-Militär unterstützt (als Gegenleistung wird das Militär kaum kritisiert). Für den Waffenkonzern Northrop Grumman druckt Marvel 2017 ein *Avengers*-Heft über das Team N.G.E.N. (Northrop Grumman Elite Nexus) und vergleicht in einer Anzeige Tonys riesigen Avengers Tower mit der Zentrale des Konzerns: »Make your Dream Reality«. Profit durch Waffen, als »wahr gewordener Traum« für Fans von Marvel und Disney: Erst ein Protest kann die Kampagne stoppen.

Aldrich Killian ist nur eine Mini-Rolle in fünf recht langweiligen Heften *Iron Man: Extremis* (2005). Doch Ike Perlmutter will ihn als Schurke in *Iron Man 3* (2013) statt Biologin Maya Hansen – denn Spielfiguren und Fan-Artikel zu Frauen verkaufen sich, sagt Perlmutter, in jedem Fall schlechter als männliche. Darum gibt es wenig Spielzeug zu Black Widow und lange auch keine Filme zu Carol Danvers (und Black Panther). Zu Killian erscheint erst 2018 eine einzige, kleine Statue.

Die düstere Reihe *Immortal Hulk* (Autor: Al Ewing, 2018 bis 2021) wird gefeiert – doch der brasilianische Zeichner (und Bolsonaro-Fan) Joe Bennett baut 2021 den Juwelenhandel »Jewery« ein: ein Wort wie auf Deutsch »Judelier«, neben einem Davidstern – und wohl ein antisemitisches Signal.

Der indonesische Zeichner Ardian Syaf schreibt »QS 5:51« auf ein T-Shirt in *X-Men Gold* #1 (2017) – ein Koran-Vers, der islamistisch als »Kein Oberhaupt darf christlich oder jüdisch sein!« gedeutet wird. Bennett und Syaf werden gefeuert.

Von den 90er Jahren bis mindestens 2002 zahlt Marvel Stan Lee jedes Jahr eine Million Dollar für seinen Posten als »Chairman Emeritus« (»Vorstand im Teil-Ruhestand«). 2002 klagt Lee gegen Marvel, weil ihm zehn Prozent aller Gewinne zustehen, die Filme (und Serien) mit seinen Figuren einspielen: Marvel zahlt ihm 2005 etwa 10 Millionen Dollar als Einigung.

Jack Kirby hat von Marvels Erfolg fast nichts. Er verdient erst in den 80er Jahren besser – als Darkseid und weitere Figuren aus *The New Gods*, die er ab 1972 für DC zeichnet und schreibt, in der Kinderserie *Super Friends* (1973 bis 85) auftreten und als Spielfiguren verkauft werden.

Harlan Ellison schreibt ab 1971 einzelne Hefte (darunter *Avengers*). 1983 merkt er, dass Autor Bill Mantlo für *Hulk* #286 eine Kurzgeschichte von ihm kopiert: *Soldier from Tomorrow* von 1957, für *Outer Limits* 1964 auch verfilmt. Marvel behauptet, sie hätten nur vergessen, Ellison im Heft zu nennen (und vorher zu fragen, und zu bezahlen). Zur Entschädigung will Ellison den gleichen Geldbetrag wie Mantlo. Und, wie im Abo: alle kommenden Marvel-Comics, gratis zugeschickt. (Er stirbt 2018.)

Marvel.com lässt 2005 abstimmen, wer einen neuen Comic verdient: Death's Head (ein Cyborg und Söldner) gewinnt vor Wundarr (wie Superman, doch allein im Sumpf aufgewachsen und später ein Hippie-Guru); auch der Tornado-Cowboy Texas Twister steht zur Wahl. Steve Gerber, Schöpfer von Howard the Duck, bittet Fans, Howard nicht zu wählen – damit Marvel nicht noch mehr Profit macht, von dem Gerber nichts hat.

Zeichner David Mack paust oft Figuren anderer Zeichner*innen ab (»Tracing« heißt die Technik). Greg Land bestreitet, direkt zu tracen, doch gibt Figuren oft Promi-Gesichter (2006 sieht seine She-Hulk aus wie Paris Hilton) oder Körper aus Pornos: Fliegen Heldinnen bei Land, haben sie dabei oft Posen, als lägen sie gerade stöhnend im Bett.

»Jiggling« ist das Wort für »wippende Brüste«. Frank Cho verspricht 2005 als Autor und Zeichner von sechs neuen Heften *Shanna* »Action, Nervenkitzel, Humor, Gewalt, Nacktheit und jede Menge Jiggling!« Frühe Dschungel-Heldinnen wie Sheena sind ›von Natur aus‹ naturverbunden. Shanna wird 1972 als modernere Aktivistin und Expertin erfunden. Frank Cho steuert dagegen: »Keine blöde Tierrechts- oder Umweltschutz-Message!«

Schon für die Posen in *X-Women* (2010) wird der Südtiroler Zeichner und Erotik-Künstler Milo Manara kritisiert. Manaras Titelbild für *Spider-Woman* #1 (2014) sorgt für Spott und viele Artikel über die Posen von Heldinnen. Frank Cho verteidigt Manara und zeichnet Spider-Gwen in derselben Pose.

Erschreckend: Die »Mary Jane wäscht Peters Spider-Man-Kostüm«-Skulptur der Firma Sideshow (2007, nach einem Pin-Up von Adam Hughes). Auch Comic-Cover von Greg Horn machen oft fassungslos.

2005 schreibt Kurt Busiek in *Conan* #12 (2005), dass Janissa »stärker sein will als jeder Mann« und dafür freiwillig mit einer Zauberin »trainiert«: Jede Nacht erfährt sie von Dämonen sexualisierte Gewalt (»Tagelang? Monatelang? Jahrzehntelang?«), bis sie stark genug ist, alle zu töten. Als Fans wütende Briefe schicken, sagt der Verlag (Dark Horse), es sei seltsam und sexistisch, dass jetzt nur Männer *wütend tun* und dass derselbe Plot bestimmt als »mutig« gelobt würde, wäre Janissa ein Mann.

Red Sonja besiegt jeden Mann im Schwertkampf – so lange sie nie Sex hat und sich niemandem liebend ›hingibt‹: Nur wer sie vorher im Zweikampf besiegt, könnte mit ihr schlafen, ohne dass Göttin Scátach (aus der keltischen Mythologie) oder Gott Mitra (wichtigster Gott in Sonjas Kultur) Sonjas göttlich verliehene Kraft wieder entziehen. Sonja ist nur stark, weil eine Gottheit Mitleid hatte, als ein Söldner ihre Eltern und Brüder tötete und Sonja zum Sex zwang (*Kull* #3, 1975).

Autorin Gail Simone zeigt Sonja als bisexuell (2016) und viel autonomer. Osric the Untouched (der Unberührte) warnt: Nur Leute, die ihn im Kampf besiegen, können mit ihm schlafen – sonst werden ihm seine göttlich verliehenen Schwertkampf-Kräfte wieder aberkannt. »Keine Frage: Das ist das Dümmste, was ich je gehört habe«, sagt Sonja nur (*Red Sonja* #10, 2014).

Im Dezember 1996 meldet Marvel Konkurs an. Weil darum auch das Honorar für Zeichner Rob Liefeld gekürzt werden soll, bricht er einen *Captain America*-Comic ab und veröffentlicht fertige Seiten minimal geändert im Verlag Awesome Comics als zwei neue Hefte zur Figur Fighting American. Marvel zieht vor Gericht.

Mutant Roberto da Costa (Sunspot) spricht Spanisch – jedes Mal, wenn Marvel vergisst, dass in Brasilien Portugiesisch gesprochen wird statt Spanisch. In Comics wird seine Haut oft viel zu hell koloriert und auch im ungeliebten Film *New Mutants* (2021) und vorher in *X-Men: Days of Future Past* (2014) wird er nicht als afro-brasilianische Figur of Color gezeigt.

In *Daredevil* #351 (1996) wird der Schwarze Schurke Turk so hell koloriert, dass 2004 erfunden wird: Turk hat die Hautkrankheit Vitiligo und darum je nach Hormonwerten einen immer anderen Hautton.

Im Webcomic *Lighten Up* (2015) fragt Marvel-Kolorist Ronald Wimberly, warum Verlage oft versuchen, Figuren of Color deutlich heller zu zeigen. »Whitewashing« kann auch heißen, Figuren komplett durch eine weiße Version zu ersetzen – im MCU etwa Doctor Stranges asiatischen Lehrmeister The Ancient One (Der Älteste), gespielt von Tilda Swinton (Die Älteste, 2016).

Jubilees Eltern kommen aus China – doch im TV-Film *Generation X* (1996) ist die Mutantin weiß, gespielt von Heather McComb. Auch Romani-Figuren wie Doctor Doom oder Wanda und Pietro (ob ihre Eltern Romani sind oder nicht, wird oft geändert) wurden noch nie von Romani gespielt.

»Racebending« heißt, eine bisher weiße Figur neu als Figur of Color zu zeigen. Dass eine weiße Mehrheitsgesellschaft einige weiße Figuren ›abgibt‹, damit sie neu und origineller erzählt werden, ist kein ›Rassismus gegen Weiße‹ – auch, weil ›Weiß-Sein‹ fast nie zum kulturellen Kern einer Comic-Figur gehört. Die Argumentation: Racebending ist nur dann ein Problem, wenn eine weiße Figur etwas Wichtiges oder Neues über das Weiß-Sein zeigt – einen Aspekt, der selten repräsentiert wird und der darum nicht durch Racebending verloren gehen darf. Anders als im MCU sind Heimdall, Brunhilde/Valkyrie, Kang und Wonder Man in den Comics keine Schwarzen Figuren.

Autor Nick Spencer zeigt in *Captain America* #17 (2016), wie Faschistin Ariella Conner an der Uni eine Rede hält. Doch schlimmer sind für Spencer drei Antifa-Studis of Color, die anklagen »Es ist so problematisch«, dass du hier »im Safe Space bist«, und die sofort Granaten werfen – auch auf Sam Wilson: »Du musst sterben!« Militante ›Cancel Culture‹ als der wahre Feind für Captain America.

Schauspieler Zachary Levi (*Shazam*, DC) twittert 2023, der Konzern Pfizer sei »eine echte Gefahr« (doch lässt offen, ob er damit Impfungen gegen Covid-19 meint). Evangeline Lilly (Hope van Dyne, MCU) geht 2022 auf eine Demo gegen die Impfpflicht. Letitia Wright (Shuri, MCU) teilt 2020 ein Anti-Impf-Video und sagt, sie habe Angst, »was wir da in unsere Körper spritzen«.

Bis 2018 schreibt Chuck Wendig *Star Wars*-Comics und -Romane. Marvel feuert ihn, weil er »Fuck Trump« twittert und über Rechte, die Höflichkeit fordern, sagt: »Die können Scheiße fressen. Einen ganzen mit Scheiße beschmierten Stiefel!« Wendig sagt, er sei Marvel »zu politisch, zu vulgär, zu negativ«.

2008 bis 2011 twittert James Gunn unter anderem, »der Arsch« der rechten Politikerin Sarah Palin sei »zu fett«, als dass sie »als Wichsvorlage taugt«; dass er nicht aufhören kann, zum (damals 16 Jahre alten) Justin Bieber zu masturbieren; und mit welcher »Disneyland-Figur« ungewollter Sex am schlimmsten wäre (Goofy). 2018 gibt Marvel Studios bekannt, dass Gunn darum nicht weiter als Regisseur von *Guardians of the Galaxy Vol. 3* gewollt sei – woraufhin DC ihm sofort die Regie bei *The Suicide Squad* (2021) anbietet. Auf Drängen von Kevin Feige erhält Gunn 2019 auch den *Guardians*-Auftrag zurück.

Mit elf sagt Keaton Jones in einem Video (2017), er werde gemobbt. Promis helfen, für die Familie in Knoxville 55 000 Dollar Spenden zu sammeln. Chris Evans und Mark Ruffalo laden Jones zur Premiere von *Infinity War* (2018) ein. Nach drei Tagen fällt auf, dass Jones' Familie rassistische Konföderierten-Flaggen schwenkt und sich online weit rechts positioniert. Die Einladung wird zurückgezogen.

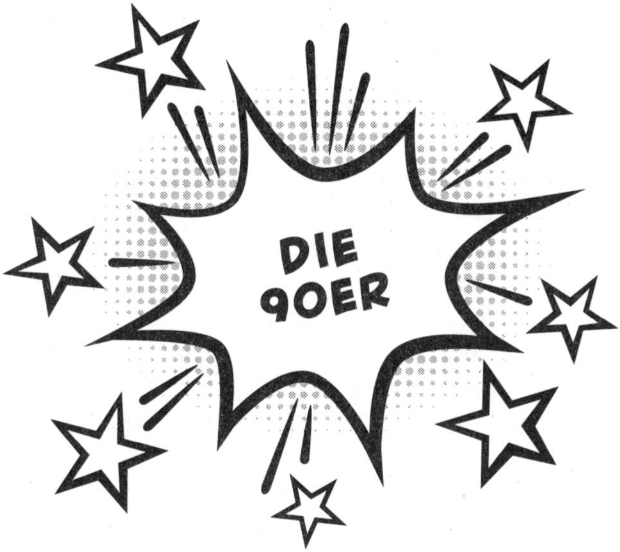
DIE
90ER

Miles Warren (Jackal), Biologie-Professor von Gwen und Peter, kann (wie damals auch viele Fans) Gwens Tod nicht akzeptieren und hat sie geklont. Ein Peter-Klon soll Peter töten – und der letzte Kampf fragt als Grusel-Pointe, ob gerade der böse Klon verbrennt oder Peter selbst ein Klon ist, ohne es zu merken (*Spider-Man* #143 bis #149, 1975: die »Clone Saga« von Autor Gerry Conway). Ab Heft #398 (1994) ist Mary Jane schwanger – doch Peters Klon kehrt zurück, nennt sich (nach Onkel Ben) Ben Reilly und sagt, er sei das Original. Marvels Plan, falls Ben beliebter ist: Peter zieht mit Frau und Kind fort und kommt im Comic nicht mehr vor. Ben ist kinderfrei, ungebunden und hat als neuer Spider-Man trotzdem alle Erinnerungen von Peter aus Heft 1 bis 149.

Drei Monate sind 1994 für die neue »Clone Saga« geplant – doch erst nach über 100 Heften bis Ende 1996 ist klar: Norman Osborn (gestorben in *The Night Gwen Stacy Died*, 1973) hat alles finanziert, Peter bleibt Spidey. Ben Reilly wird ein Anti-Held (2012 werben beliebte *Scarlet Spider*-Comics mit »All of the power – none of the responsibility« – »Sämtliche Macht, null Verantwortung!«), und schon 1997 bittet Marvel im Parodie-Heft *101 Ways to End the Clone Saga* um Entschuldigung: Die Saga hat sich gut verkauft – doch ist verhasst. Noch bis heute denken Mary Jane und Peter, das Kind sei bei der Geburt verstorben (Mephisto weiß mehr: *Spider-Man* #74, 2021).

Im ursprünglich gedrehten Finale von *Blade* (1998) wird Deacon Frost zum schlecht animierten, riesigen Blut-Sprudel. Eine Testvorführung macht klar, dass das Publikum keinen gesichtslosen Blob als Endgegner sehen will – das Ende wird neu gedreht.

Trotzdem enden noch heute so viele MCU-Projekte damit, dass zwei Figuren in einem Farb-, Wind- oder Energie-Strudel schweben, leuchten und sich bunte Effekte entgegenschleudern, dass Jen in *She-Hulk* (2022) die von MCU-Chef Kevin Feige inspirierte künstliche Intelligenz K.E.V.I.N., die jedes MCU-Finale entwickelt, für ihr eigenes Finale bittet: »Can we please not do that?« (»Können wir das bitte lassen?«) Obwohl Jessica Gao, Chefautorin bei *She-Hulk*, sich viel Mühe gibt, ihn zu überreden, spricht Kevin Feige die Stimme von K.E.V.I.N. nicht selbst ein.

Brian Braddock kämpft als Captain Britain fürs Märchenreich »Otherworld« (Marvel UK, ab 1976). Brians Zwilling Betsy ist blind, Telepathin und hat das X-Gen. Ab *New Mutants Annual* #2 (1987) kann sie sehen und wird als »Psylocke« Teil der X-Men. 1993 verwechselt Zeichner Jim Lee Betsy mit der neuen japanischen Figur Kwannon – darum gilt zwei Jahrzehnte lang: Betsy hält den Körper der Fremden ›besetzt‹; Kwannons wahres Ich kommt fast nie vor. Erst ab 2018 hat die Japanerin den Körper zurück und eine eigene Stimme. Betsy wird Captain Britain, Kwannon wird Psylocke – und die asiatische Figur ist damit endlich keine Hülle mehr für eine weiße Britin.

Steve Rogers raucht in den 40er Jahren Pfeife und Zigaretten. Charles Xavier und Reed Richards rauchen Pfeife in den 60ern. Ben Grimm und Nick Fury lieben Zigarren, Howard the Duck liebt Zigaretten. Jessica Jones ist 2001 Kettenraucherin und alkoholkrank. Mary Jane Watson fängt 1992 mit Zigaretten an und hört in *Spider-Man* #385 (1994) auf. Weil der Vater von Marvel-Chefredakteur Joe Quesada an Lungenkrebs stirbt, zeigt Marvel ab den frühen Nullerjahren keine Held*innen mehr beim Rauchen – auch nicht Wolverine, der Kate Pryde in *X-Men* #210 (1986) bei einer Zigarre erklärt, dass *seine* Lunge von selbst heilt. Ihre nicht!

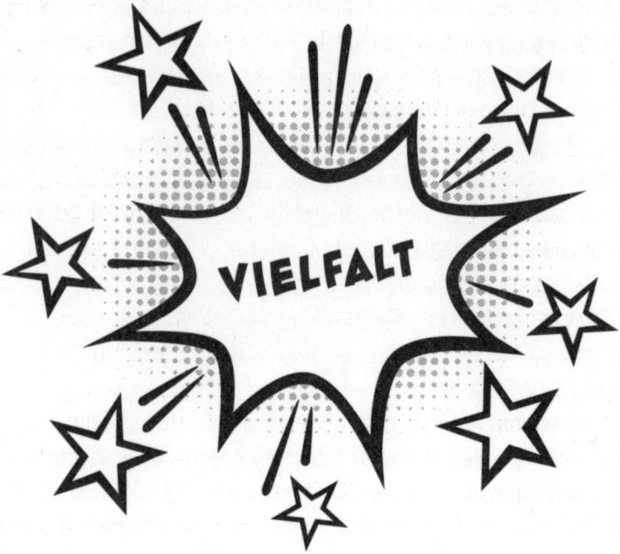
VIELFALT

1975 braucht Autor Doug Moench noch einen Namen für eine neue Figur: den Werwolf-Jäger Moon Knight. Moench denkt an einen realen Bekannten namens Marc Spector. Als Moench später erfährt, dass Spector jüdisch ist, wird auch die Comicfigur Marc Spector jüdisch.

Im März 2022 verspricht Disney-Präsidentin Karey Burke, dass künftig 50 Prozent aller gezeigten Rollen »LGBTQIA« und/oder »racial minorities« sind: queere und/oder rassifizierte Figuren (Menschen, über die eine Mehrheitsgesellschaft sagt: »Du hast eine andere Rasse als wir«).

Viele Personengruppen werden bei Marvel erst als böse gezeigt, dann als Witz oder grotesk, dann erfolgt ein wenig Repräsentation durch Nebenrollen und erst spät durch echte Held*innen. Thundra (1972) versklavt mit ihren Femizons (feministische Amazonen) im 23. Jahrhundert die ganze Erde. Auch Superia (1991) ist keine »feministische« Figur – sondern nur eine Männerhasserin.

»Mrs« ist die Anrede für verheiratete Frauen, »Miss« heißt »Fräulein«. Ab 1969 wird »Ms« zur neutralen feministischen Anrede; und ab 1971 erscheint das *Ms. Magazine*. Darum passt »This Female fights back!« (»Diese Frau wehrt sich!«) als Motto der ersten *Ms. Marvel*-Hefte (1976) auch zum Beruf von Carol Danvers: Redakteurin beim »Woman Magazine« (Eigentümer: J. Jonah Jameson). Carols Feindin Mystique ist nach Betty Friedans Emanzipations-Studie *The Feminine Mystique* (1963) benannt.

Böse Figuren in frühen Disney-Filmen sind oft »queer-coded«: Sie verhalten sich, wie sich eine Mehrheitsgesellschaft das Klischee böser Schwuler und Lesben vorstellt. Ben Grimm (The Thing) ist »jewish-coded«: Er klingt wie sein Zeichner Jack Kirby, stammt aus Kirbys Viertel – der Yancy Street in der Lower East Side –, doch enttäuscht 1994 viele Fans, denen laute, klare, offene jüdische Repräsentation fehlt. Im *Marvel Holiday Special* wünscht Ben (als Christ?) der jungen Amy »frohe Weihnachten«. Amy erklärt Ben Chanukka-Bräuche und macht ihm klar, dass »Happy Holidays« sie als Jüdin einbezieht, aber »Frohe Weihnachten« viele ausgrenzt.

Erst in *Fantastic Four* #56 (2002) spricht Ben das Schma Jisrael-Gebet. Ein alter Nachbar fragt, warum kein Artikel erwähnt, dass Ben jüdisch ist. »Schämst du dich vielleicht ein wenig?« Ben sagt, er spreche »nicht groß darüber«, damit Leute nicht denken, »Juden sind alle Monster wie ich«.

Wer Reize nicht »neurotypisch« verarbeitet, sondern zum Beispiel mit ADHS lebt, ist neurodivergent. Einige Fans mit ADHS erkennen sich in Tony Stark, Peter Parker, Wilson Fisk (Kingpin), Kamala Khan (Ms. Marvel) und Luis aus *Ant-Man* (2015). Reed Richards sagt in *Fantastic Four: Season One* (2012), er habe an sich selbst Autismus diagnostiziert, doch »arbeitet an einem Heilmittel«. Uff!

David Haller (Legion), Jeanne Foucault (Finesse) und die Zwillinge Claudette und Simone St. Croix werden oft »autism-coded« gezeigt. Die MCU-Stars Mark Ruffalo und Tom Holland sprechen über ihre Neurodivergenz. Lauren Ridloff und Alaqua Cox spielen im MCU gehörlose Figuren (Makkari und Echo) und sind selbst gehörlos; Ridloff nutzt zudem eine Beinprothese.

Madame Masque und Doctor Doom tragen Masken, weil ihre Gesichter ›entstellt‹ sind. Auch Quasimodo (1966) und der Mutant Caliban (1983) setzen Selbsthass, Behinderung und ›Monster-Sein‹ oft gleich.

Jüdische Marvel-Figuren sind der Golem-artige Ben Grimm, Kate Pryde, Magneto und seine Kinder und Enkel, David Haller (Legion), Melissa Gold (Songbird), Francis Klum (Mysterio: deutsch und jüdisch), Leonard Skivorski Jr. (Doc Samson), Walter Langkowski (Sasquatch), Gertrude Yorkes aus *Runaways*, Peter B. Parker aus den *Spider-Verse*-Filmen ab 2018, Vance Astrovik und (als Retcon ab 1995) Western-Figur Matt Hawk (Two-Gun Kid), geboren als Matt Liebowicz.

Madeline Drake, Mutter von Iceman, ist jüdisch – doch ihr Mann war katholisch und als Kind fühlt sich Bobby in keiner Gemeinde wohl. Ruth Bath-Seraph (Sabra), Mutantin aus Israel und ab *Captain America: Brave New World* (2024) im MCU, kämpft in Comics ab 1980 oft gegen teils rassistisch geschriebene arabische Figuren.

Stan Lees bürgerlicher Name ist Stanley Lieber – die Eltern kommen aus Rumänien. Wer dem Background von Jack Kirby (die Eltern wandern aus Österreich ein) und Joe Simon (jüdisch-russischstämmig) Respekt zollen will, zeigt in neuen *Captain America*-Comics gern, welcher Hass auch die Eltern von Steve Rogers, eingewandert aus Irland, in den 1930er Jahren trifft.

Misty Knight und Danny Rand (Iron Fist) küssen sich 1977. Schon 1975 küsst eine weiße Nebenrolle, Biologin Camilla Frost, den Schwarzen Widerständler M'Shulla Scott (in *Killraven*, Erde-691: 22 Hefte über eine neue Invasion der Aliens aus H.G. Wells' *Krieg der Welten* im Jahr 2001).

2008 zeigt Autor Kevin Grevioux ganz neu: 1962 mag Erde-616 den Helden Blue Marvel. Als klar wird, dass der Mann hinter der Maske Schwarz ist, sagt ihm Präsident Kennedy im Geheimen, die Welt sei einfach nicht bereit und »nur die Zeit« könne rassistische Menschen lernen lassen. Damit andere Schwarze nicht unter Dr. Adam Brashears ›provokanter‹ Sichtbarkeit leiden, zieht er sich zurück.

In *X-Men* (2000) spricht Storm (gespielt von Halle Berry) in einigen Szenen mit angeblich kenianischem Akzent – der in drei weiteren Filmen mit Berry nie mehr zu hören ist. »Ororo« ist kein kenianischer Vorname, sondern heißt auf Yoruba »pflanzliches Öl«. Schon in *Phantom Stranger* #15 (DC, 1971) nutzt Autor Len Wein, Erfinder von Storm, »Ororo« als Name für eine Frau aus einem (nicht benannten) afrikanischen Staat.

Etwa 3000 Jahre vor Christus lebt En Sabah Nur (Apocalypse) in Ägypten als einer der ersten Mutant*innen. Der Name wird als »The First One« (»der Erste«) übersetzt, heißt aber eher »Morgenlicht«. Auf Arabisch – einer Sprache, die sich erst 2000 Jahre später entwickelt.

»Als ein Kind, das Vietnamesisch kann, fiel es mir echt schwer, Bezug zu Karma aufzubauen – weil ich wusste, dass ihr Name Kauderwelsch ist«, sagt Comic-Künstler*in Trung Le Nguyen über die Mutantin, die Autor Chris Claremont 1980 als »Xi'an Coy Manh« erfindet. Erst 2023 sieht Marvel Bedarf zur Korrektur: Seit Nguyens Romantik-Comic *Love Unlimited* ist Karmas Name Xuân Cao Mạnh.

Alle realen Nationen der Welt gibt es zwar auch auf Erde-616, doch dazwischen quetscht Marvel erfundene Länder (oft Kleinstaaten) – in Südamerika unter anderem San Diablo, Costa Perdita, Terra Verde, Bastrona, Estrella, Bolamoira und die altrömische utopische Stadt Nova Roma in Brasilien.

Nah an Deutschland, auf Erde-616? Am Erzgebirge liegt Lichtenbad. Bartova ist ein Stück Südschwarzwald und Schweiz; Alberia ein Stück Bayern und Oberösterreich. Carnelia und Draburg grenzen westlich an die Ukraine. Unter Latveria liegt Symkaria – und zwischen Österreich und Ungarn der kleine Staat Europa.

130 Hefte *Alpha Flight* (1983 bis 94) zeigen das kanadische Team, erfunden 1979 von John Byrne. Eugene Judd ist rundlich, trägt Schwarz, nennt sich »Puck« (wie beim Eishockey) und hat (wie auch Peter Dinklage, Eitri im MCU) verkürzte Knochen an Armen und Beinen: Achondroplasie. Dann aber findet der neue Autor Bill Mantlo origineller: Eugene hat keine Behinderung, sondern einen Dämon in sich.

Meggan ist Fee und Romni. Amanda Sefton (Daytripper) ist deutsch, Romni, Nightcrawlers Adoptivschwester und für ihn zugleich eine große Liebe. Auf der New York Comic Con 2016 fragt das Ternyp Roma Youth Network, warum Romani-Figuren meist rassistisch geschrieben sind. Autor Peter David ›erklärt‹ wütend, er habe 1993 in Bukarest Kinder mit verletzten Beinen gesehen und dann gehört, solche Fehlstellungen hälfen beim Betteln und seien absichtlich verursacht.

Als Titelbild: ein Abschied am Krankenbett und eine rote Schleife. Jim Wilson, Ex-Sidekick von Hulk und Neffe von Falcon, stirbt in *Hulk* #420 (1994) an AIDS. 1987 hat Mutant und Ski-Sportler Jean-Paul Beaubier (Northstar) eine nicht benannte Krankheit. Marvel will die Figur zwar nicht outen – doch *Alpha Flight* #50 (1987) verkauft sich vielleicht gut, wenn Northstar an AIDS stirbt?

Northstars Krankheit ist nur ein Trick von Loki. In einem Comic 1992 sagt Jean-Paul, der schon 1979 als schwule Figur geplant ist, kurz endlich: »I am gay!« Doch vier Hefte *Northstar* (1994) klammern alles aus, und erst ab 2001 zeigen Comics kurze Gespräche zum Thema. In Filmen und besonders Kinder-Trickserien wird Northstar umgangen oder nur kurz gezeigt.

Jim Shooter (Chefredakteur 1978 bis 87) zeigt in *Hulk* #23 (1980), wie zwei Männer Bruce Banner nach dem Sport unter der Dusche zum Sex zwingen wollen. Nach Kritik zeigt Marvel jahrelang keine queeren Momente – und bis heute fragen Fans erfolglos nach: Hat Shooter wörtlich »There are no Gays in the Marvel Universe!« befohlen?

Hank Pyms Tochter Nadia van Dyne (Wasp) ist aromantisch und asexuell (»aroace«). Auch Jeremy Whitley, Autor von 18 tollen Heften *The Unstoppable Wasp* (ab 2017), ist asexuell – genau wie *Hawkeye*-Autorin Marieke Nijkamp. Weitere asexuelle Figuren sind Gwenpool und Yelena Belova (White Widow).

Shatterstar ist Mutant und wächst als Gladiator auf dem Planeten Mojoworld auf: Autor Jeph Loeb zeigt ab 1995, wie Shatterstar erst durch Julio Richter (Rictor) lernt, was Liebe ist. 2007 werden die Figuren offen zum Paar – doch Zeichner Rob Liefeld, der Shatterstar 1991 gestaltet, behauptet, dass Shatterstar auf keinen Fall schwul, bi oder pan sei, sondern asexuell, weil er auf Mojoworld nichts über Sexualität gelernt hat und Rictors Kameradschaft mit Romantik verwechselt.

Andererseits freut Liefeld, wie oft Schauspieler Ryan Reynolds erklärt, seine Rolle Deadpool sei pansexuell: Das Geschlecht einer Person ist für Deadpool nicht entscheidend darüber, ob ihn die Person anzieht. (Für Heft 98 von *New Mutants* erfinden Zeichner Liefeld und Autor Fabian Nieceza 1991 Deadpool, für Heft 99 Shatterstar.)

Weil Agentin Victoria Hand S.H.I.E.L.D. über alles stellt, wird sie in *Dark Avengers* #11 (2009) von ihrer Partnerin Izzy verlassen. Die TV-Serie *Agents of S.H.I.E.L.D.* zeigt 2013 Victoria (gespielt von Saffron Burrows, selbst bisexuell) und Izzy (Lucy Lawless) weder als Paar noch als queere Figuren; und Izzy stirbt nach zwei, Victoria nach vier Folgen. Die Begründung: »Hätten wir sie geoutet und dann sterben lassen, wären Fans noch wütender gewesen.«

Selina Kyle (Catwoman, DC) ist Meisterdiebin und manchmal Mafia-Chefin. Felicia Hardy (Black Cat, Marvel) ist Meisterdiebin und manchmal Mafia-Chefin. Comics ab 2015 (Selina) und 2021 (Felicia) zeigen: Beide sind bi.

Frank Castle braucht in *Punisher* #59 (1991) eine Gesichts-OP. Die Chirurgin ist drogensüchtig, macht Sexarbeit und spielt Frank einen ... Streich? Sie lässt Frank aussehen, als sei er Schwarz. (In Heft #62 hellt sich Franks Haut wieder auf.) Auch Schurke Abner Jenkins hat eine OP und wird danach für Schwarz gehalten: *Thunderbolts* #37, 2000.

Mit dem Benefiz-Comic *Heroes for Hope* (1985) sammeln Jim Starlin und Bernie Wrightson 150 000 Dollar für das seit 1983 von Dürre betroffene Äthiopien. 1986 wiederholt das Duo das Projekt bei DC (*Heroes against Hunger*). Fürs Marvel-Heft schreibt unter anderem George R. R. Martin (geboren 1948), dessen Leserbriefe schon ab 1963 in Marvel-Comics abgedruckt werden.

2002 behauptet Stan Lee, er habe Percy Pinkerton in *Sgt. Fury* (1964!) als schwule Figur geplant und wollte in der Heftreihe so viele Minderheiten wie möglich zeigen. Nick Furys Team heißt Howling Commandos – weil Lee wettet, sogar ein Heft mit dem albernsten Titel zum Erfolg zu führen. *Sgt. Fury* zeigt (genau wie das DC-Team *Sgt. Rock's Easy Company*, ab 1961) nur eine einzige Schwarze Hauptrolle. Andererseits sind Kompanien im US-Heer bis 1948 fast immer rassistisch getrennt.

Defenders zeigt 1977 drei Frauen und drei Männer. *Excalibur* zeigt 1987 drei Frauen und zwei Männer – wie auch das albern-wilde *Nextwave*, 2006. *Runaways* zeigt ab 2003 oft vier Mädchen und zwei Jungs. Die Kinder-Trickfilme und -Comics *Marvel Rising* (2017 bis 19) zeigen mehr junge Heldinnen als Helden. *Fearless Defenders* (2013) und *A-Force* (2015) sind »all-female Teams«.

New Agents of Atlas (Autor: Greg Pak, 2019) zeigt ein internationales Team asiatischer Herkunft. Fünf Hefte *Tiger Division* (Autorin: Emily Kim, 2022) zeigen ein Team aus Südkorea. Alle Figuren im Team »The Next Mutants« (Autorin: Grace Freud, 2022) sind trans. *The Crew* zeigt 2003 zuerst ein Schwarzes Team – und 2017 auch den Aborigine Eden Fesi (Manifold).

Mutant Vance Astrovik (Justice) wird von seinem Vater geschlagen – und tötet ihn versehentlich via Telekinese (*New Warriors* #20, 1992). In Heft 48 sieht Vance bei einer Zeitreise nach 1963, dass sein Vater schwul ist – und dafür von Vances Opa geschlagen wird: Jerzy Astroyevicht ist verbittert, weil er als Slowake im Zweiten Weltkrieg für die Nazis kämpfen musste und dafür in den USA verachtet wird.

Sage, Mathematikerin bei den X-Men, merkt ab *X-Force* #18 (2021), dass sie alkoholkrank ist. Nach Carol Danvers' Sucht (ab 1998) ist Tony Carols Sponsor bei den Anonymen Alkoholikern. Im MCU ist er nicht suchtkrank. Doch Robert Downey Jr. ist seit 2003 nüchtern, nennt *Demon in a Bottle* (neun Hefte, 1979) seine Lieblings-Storyline für Tony und hätte sie gern gespielt.

Prügeln – oder abseits stehen, flüstern, sich tarnen, magische Handbewegungen machen? In frühen Marvel-Comics und noch heute im MCU haben viele Heldinnen »gewaltlose« (»nonviolent«) Kräfte: Telepathie, Telekinese, Hexerei lässt Figuren oft passiv wirken. Kate Pryde kann sich selbst und alles, was sie berührt, unantastbar machen (Phasing), ineinanderschieben und dann verschmelzen. Soldaten die eigene Waffe in den Schenkel phasen (2020)? Violent! Beim ersten Sex mit Colossus versehentlich durch Bett und Fußboden plumpsen (2005)? Na ja.

Kris Anka zeichnet Peter Quill in *Star-Lord* (2016) in einem queeren Stil: Dass hier Männer sexy wirken sollen statt wie in vielen Comics nur Frauen, fällt sofort auf. Luciano Vecchio zeichnet ähnlich, aber kinderbuchhafter.

1991 bis 95 erscheint jedes Jahr ein *Marvel Swimsuit Special*: Zeichnungen im Pin-Up-Stil, die wirken, als machten die Figuren Gruppenreisen mit Fotoshooting (ein Ziel pro Jahr: das Savage Land, Wakanda, Monster Island, der Mond und Madripoor). Witzig-schlecht: Lou Harrisons ölige Muskel-Männer. Und Ghost Rider, 1993 – ein brennendes Skelett, ›nackt‹ in der Brandung.

Allan Heinberg plant Billy Kaplan (Wiccan) zwar als schwule Figur – doch für den Fall, dass Marvel 2005 kein schwules Teenager-Paar zeigen will, ist Teddy Altman (Hulkling) zunächst nicht als Junge gedacht, sondern als Mädchen (mit Skrull-Elternteil), das sich nur zum Kämpfen als Junge tarnt.

Ab 2005 spricht Karolina Dean in *Runaways* über lesbische Gefühle. Xavin ist Skrull – und obwohl die Aliens seit 1962 dauernd vorkommen (und ihre Gestalt wechseln), ist Xavin die erste Skrull-Figur, die feste Gender-Rollen aufbricht. Dem Vorwurf, Xavin sei darum als Figur ›nicht eindeutig lesbisch genug‹, entgegnen viele Fans, dass Xavin als seltene genderfluide Figur wichtige Sichtbarkeit schafft.

Mit Jobs als Supermodel finanziert Mutantin Ashley Crawford die Great Lakes Avengers. Als Heldin Big Bertha aber wird sie nur super-stark, je mehr ihr Körper anschwillt. Nach jedem Kampf muss sie sich exzessiv übergeben, damit Fett aus ihrem Mund spritzt: »Power-Puking«, 2005 immer noch als dickenfeindlicher ›Witz‹ erzählt und nicht, um über Anorexie aufzuklären.

Leather Boy hat keine Kräfte, sondern glaubt, die Great Lakes Avengers seien eine Sex- und Fetisch-Gruppe (wegen einer Zeitungs-Annonce, in der die GLA »costumed Adventurers« sucht). Anführer Flatman erklärt: Wer Leder und Bondage mag, ist nicht automatisch schwul – und umgekehrt. Leather Boy ist hetero, erfährt das Team. Doch Flatman selbst ist schwul (*GLA #4*, 2005).

Die erste lesbische Heldin? Vicky Montesi, Tochter der Ctuhlhu-haften Horror-Gottheit Chthon in *Darkhold* (16 Hefte, ab 1992). Vicky wird ›schwanger‹, soll jedoch durch die Geburt nur Chthon aus seinem Reich hinüber nach Erde-616 gebären. Autor Christian Cooper zeigt Nash (Karate-Trainerin und Vickys Partnerin) nur kurz in Heft 1. Heft 13 zeigt, dass Nashs Familie Vicky hasst, weil Nash seit einer für Vicky bestimmten Bombe Pflege braucht.

Marvel-Hefte ab 1980, die direkt von Comic-Shops bestellt werden, doch dafür nicht an Kiosks ausliegen, halten sich nicht an den Comics Code: »Direct Market«-Reihen wie *Dazzler*, *Ka-Zar* und das Magazin *Bizarre Adventures* wirken etwas erwachsener. Paradox ist 1980/81 ein Agent (und Tänzer) im Jahr 2181. Er ist bisexuell und küsst seinen Chef kurz fröhlich auf die Wange.

DC plant 1985 eine Schwarze Heldin mit Licht-Kräften. Als auffällt, wie ähnlich eine solche Figur Marvels Monica Rambeau (Spectrum, später Captain Marvel) wäre, wird die DC-Figur Japanerin: Dr. Kimiyo Hoshi (Doctor Light).

Ein geheimes Labor und ein hektisches Genie kurz vor der Pubertät: Die tolle Marvel-Trickserie *Moon Girl* (2023) erinnert auch stilistisch an Genndy Tartakovskys *Dexters Labor* (1995). Als Storyboarder für *Iron Man 2* (2010) gibt Tartakovsky vor, wie sich Körper und Kameras in Kampfszenen bewegen. Nur sein Comic *Cage!* (2017) ist verhasst – denn viele Schwarze Kreative holen mehr aus der Figur Luke Cage heraus als der in Moskau geborene Animator.

»Own Voices« heißt: Die Kreativen teilen Background und Kulturraum der Hauptfigur(en). Schreibt Gabby Rivera zwölf Hefte zu America Chavez (Miss America), spricht keine weiße Person aus der Figur heraus – sondern America hat eine authentische Latinx-Stimme.

Riveras *Miss America* (2017) macht trotzdem viel kaputt. Denn America stammt hier (doch nicht) aus Puerto Rico, sondern aus der lesbischen, nur oberflächlich wie Puerto Rico aussehenden Fantasy-Dimension »The Utopian Parallel«. So wird America von einer Latina zum Alien, das den Kulturraum Lateinamerika nicht richtig kennt und nicht repräsentiert. Erst ein Retcon in *America Chavez: Made in the USA* (2020) hilft: Americas Mütter sind jetzt aus Puerto Rico und die »Utopian Parallel« war nur eine Illusion.

DIE OOER

Eine geschmacklose Idee von Grant Morrison: In *New X-Men* #115 (August 2001) vernichtet Cassandra Nova etwa 16 Millionen Mutant*innen auf der Insel Genosha. Kein Marvel-Comic nimmt sich Zeit, den Opfern des Sentinel Massacre viel Stimme und Gesicht zu geben – oder durchzudenken, wie eine Erde-616, die das »vor wenigen Jahren« zugelassen hat, heute politisch, kulturell und psychologisch aussehen muss: Nazi-Deutschland hat etwa 19 Millionen Menschen aus gruppenbezogenem Hass vernichtet, davon etwa sechs Millionen Jüd*innen. Wozu für einen kurzen, morbiden *X-Men*-Knalleffekt eine Zahl erfinden, auffällig nah an den Zahlen der Shoah? Ein Verlag, der Figuren Holocaust (1993) nennt, Spidercide (1995) und Genocide (2011), muss mehr erzählen über Gewalt und Leid als »Tja. Bei Marvel knallt es gern!«

In vielen Marvel-Comics wird das World Trade Center zerstört (sehenswert: die Rauchwolken in *X-Force* #4, 1991). Peter bittet in *Spider-Man* #36 (veröffentlicht am 14. November 2001, Text von J. Michael Straczynski), »den Kindern« jetzt bloß nicht zu sagen: »Das Böse hat ein ausländisches Gesicht.« Das Böse kann aussehen »genau wie du«. Selbst Doctor Doom weint in den Trümmern am Ground Zero. Denn wer ein Gewissen hat – sagt Peter – trägt auch Verantwortung für die Sorgen der Menschen weit weg (»the burdens of distant people«). Wenn wir nichts für diese Menschen tun, dann werden »ihre Bürden eines Tages zu unserer Tragödie«.

Mitte 1970 wechselt Jack Kirby von Marvel zu DC. 1972 gibt Stan Lee den Posten als Chefredakteur auf – und schreibt seitdem auch nie wieder viele Comics. Er lebt ab 1981 in LA und denkt vor allem an PR, Spielzeug und Filmrechte. 1998 gründet er Stan Lee Media (Konkurs 2001) und 2002 POW Entertainment (2017 an einen chinesischen Konzern verkauft). Die Trickserie *Superhero Kindergarten* (2021) sowie der Manga und Anime *Heroman* (2009) sind kleine Erfolge. Lees Trickserie *Stripperella* (13 Folgen auf Comedy Central, 2003) zeigt Erotica Jones, Agentin bei FUGG. Die Stripperin, gesprochen von Pamela Anderson, kämpft in Folgen wie »Man leckt nur zweimal« gegen Queen Clitoris.

Die glamouröse Mutantin (und Muslima) Monet St. Croix hat Brad Pitt und Angelina Jolie verkuppelt (*X-Factor* #44, 2009). Mutant Billy Bob Reilly sieht aus wie Eminem und hat den ersten schwulen Kuss in Marvels Comics (*X-Force* #118, 2001): Er kann seine Fettzellen wuchern lassen, nennt sich – auch, weil Rap »fette Beats« mag – Phat; und der Kuss mit Vivisector ist anfangs nur die gleiche Sorte PR-Trick wie Billys Behauptung, er komme aus einer Wohnwagensiedlung.

Eminem selbst ballert 2009 im Quatsch-Heft *Eminem/The Punisher*. The Weeknd schreibt 2018 drei Hefte *Starboy*. will.i.am schreibt 2017 den Band *Masters of the Sun*. 1979 erscheint ein Heft zu Alice Cooper. 1994 liegt dem Heft *Break the Chain* eine Kassette von Rapper KRS-One bei. Neil Tennant (Pet Shop Boys) ist 1975 bis 77 Redakteur bei Marvel UK.

Ein Update des Comics Code 1989 verbietet, »sexuelle Orientierungen« beleidigend zu zeigen. In Comics aber, die sich eh nicht an den Code halten, zeigt Marvel ab etwa 2000 oft groteske schwule Figuren – den feigen William Rawlins beim CIA, den sadistischen Mafiosi Nick Cavella und The Russian: ein Schläger, der Östrogen einnehmen muss und darum (!) Kittelschürzen, Blümchenkleider und hochhackige Schuhe liebt (*Punisher*, Autor: Garth Ennis). Electro sagt, er sei im Knast auf den Geschmack für schwulen Sex gekommen (*Marvel Knights: Spider-Man* #2, 2004). Daniel Ways gehässiges *Spider-Man's Tangled Web* #17 zeigt eine Knast-Gang voller Vorfreude, dem Schurken Kangaroo sexualisierte Gewalt anzutun (2002). Auch *Wolverine* #164 (2001) zeigt eine solche Gang: die Cruisers.

In *Ultimates* 2 #7 (2005) tötet Black Widow Hawkeyes Frau und die drei Kinder. Sharon Carter ist schwanger von Steve Rogers, sticht sich aber in den Bauch, weil ein Kind tot »sicherer ist« als bei Red Skull (2008). Jane Foster heiratet in Comics von 1983 den Arzt Keith Kincaid. Erst *Thor* #704 (2018) erklärt: Keith und der gemeinsame Sohn Jimmy sind bei einem Autounfall gestorben. Bei DC heiratet Donna Troy in Comics von 1985 ihren Geschichtsprofessor Terry Long. *Wonder Woman* #121 (1997) zeigt: Terry und der gemeinsame Sohn Robert sterben bei einem Autounfall. Am Ende von *Secret Invasion* (2008) soll Danielle, das Baby von Jessica Jones und Luke Cage, sterben.

In *Spider-Man/Black Cat: The Evil that Men do* (ab #3, 2003) zeigt Autor Kevin Smith, dass Felicia am College von ihrem Freund Ryan zum Sex gezwungen wird – und wie Garrison Klum (Bruder von Mysterio) das heute ebenfalls versucht. Um Frank Castle zu erniedrigen, gräbt Nick Cavella die Skelette von Franks Frau und Kindern aus und filmt, wie er auf sie pinkelt (*Punisher* #19, 2005).

Ab 1999 zeigt die Website »Women in Refrigerators« (Gail Simone), wie viel Gewalt Frauen und ihre Familien in Comics trifft und dass sie oft nur sterben, um einen Helden neu zu motivieren: Alex DeWitt, Partnerin von Kyle Rayner (Green Lantern), wird 1994 ermordet und in Kyles Kühlschrank gestopft. Erst, als 2011 die etwa fünf Jahre alte Lian Harper im DC-Comic *Cry for Justice* stirbt, merken Marvel und DC (viel zu spät), wie wenige Fans hier denken: packend, tragisch, ergreifend.

Weil Frankreich die USA nicht bei der Invasion des Iraks unterstützt, nennt ein rechter US-Politiker 2003 Pommes (»French Fries«) lieber »Freedom Fries«: »Freiheits-Fritten«. 1940 kapituliert Frankreich vor Hitler – darum schimpft der schottische Hausmeister bei den *Simpsons* noch 1995 über »Cheese-Eating Surrender Monkeys«: »käsefressende Kapitulations-Affen«. »Aufgeben?«, fragt Cap in *Ultimates* #12 (November 2003): »Denkst du, der Buchstabe auf meiner Stirn steht für ›Frankreich‹?«, und ebenfalls 2003 zeigt der sarkastische Comic *X-Factor* das böse Team »Euro-Trash« mit Surrender Monkey: ein Affen-Schurke, der behauptet, er sei Franzose.

FÜR AVENGERS-NERDS

»Flick« ist ein saloppes Wort für »Film« – weil Filmrollen im Kino durch den Projektor *flackern*: Netflix heißt »Internet Flicks«. Alte Comics, die »Flick« oder den Namen »Clint« in Großbuchstaben zeigen, werden oft Online-Memes, weil die Schrift bei schlechter Druckqualität »FUCK« und »CUNT« (F*tze) ähnelt. Clint Barton (Hawkeye) ist ab 1964 das bekannteste Gegenbeispiel zum Gerücht, »CLINT« sei ab 1954 in US-Comics verboten.

2016 lässt Marvel David Cortes eine Captain-America-Statue entwerfen. Mit Podest ist sie drei Meter hoch und steht erst auf der Comic-Con, dann im Prospect Park (Brooklyn) als Symbol für »Hometown Pride« (Steve Rogers stammt aus Brooklyn). Weil der Park Werbung verbietet und Cap eine Werbefigur für Disney ist, endet die Statue in einer Filiale von Bed Bath and Beyond – einer Kette wie in Deutschland Dänisches Bettenlager.

Tony, Bruce und Steve erfahren als Kind Gewalt durch ihre Väter. Thor erfährt durch Odin meist bis heute Gewalt. Clint hat einen gewaltsamen Vater und einen gewaltsamen Adoptivvater, und Nats Ziehvater, der Soldat Ivan Petrowitsch, liefert Nat dem gewaltsamen »Red Room«-Programm aus.

»Avenge« heißt »sich rächen« – also lässt Autor Chuck Austen in *Avengers* #82 (1998) Steve Rogers erklären: Der erste Schlag kommt nie von wahren Held*innen. Darum ist alles, was die Avengers tun, eine Reaktion und ein Gegenschlag auf ein Unrecht, das dringend »gerächt« werden muss.

»Larry war arglos und loyal. Stan war hinterlistig.« Jack Kirby sagt, Thor und Loki und ihr Ringen um Odins Gunst seien davon inspiriert, wie die Brüder Larry Lieber (Autor, Zeichner und Mit-Erfinder von Thor, Ant-Man und Iron Man) und Stan Lee auf Verleger Martin Goodman reagierten.

Als Kind hat Thor Angst vor Gewittern – schreibt Autor Jason Aaron 2019 –, darum ist »Donnergott« von Odin als Hohn und Provokation gemeint. Magnetos »Brotherhood of Evil Mutants« dagegen ist zwar in Comics ab 1964 ernst gemeint. Doch heute kommt »Evil« nur noch in Versionen der Gruppe vor, die sagen wollen: »Ihr Menschen haltet uns doch eh für ach-so-böse!«

Kann Steve Rogers Mjölnir anheben? Nein, denkt Autor Walt Simonson: Steve steht für die USA und steckt zu tief in seiner Rolle als Soldat. Kann Peter Parker Mjölnir anheben? Nein, weil Peter aus Prinzip nicht tötet.

Captain America #12 (2003) zeigt, dass die USA Steve Rogers 1945 einfrieren, damit er die Atombomben auf Japan nicht verhindert. *Truth: Red, White & Black* (2002) zeigt erstmals, dass das Super-Serum an Schwarzen US-Soldaten erprobt wird, die oft sterben. Eine Vorlage ist die reale Tuskegee-Studie, bei der die US-Regierung bis 1972 Schwarze Menschen heimlich mit Syphilis infiziert. *Truth* zeigt Isaiah Bradley kurz als (Schwarzen) Captain America, bevor Steve aktiv wird.

Ab Sommer 1965 leben Autor Roy Thomas und Zeichner Bill Everett etwa ein Jahr in der Bleecker Street, Hausnummer 177A. In *Doctor Strange* #182 (1969) zeigt ein Telegramm, dass auf Erde-616 dort Stranges Sanctum Sanctorum steht. In *Green Latern* #57 (DC, 1994) trifft Kyle Rayner kurz Stranges Helfer Wong, fühlt sich im Viertel (Greenwich Village) wohl und mietet lange eine Wohnung nebenan (Hausnummer 175).

Spider-Man #317 (1989) nennt eine echte Adresse für das Haus von Tante May in Forrest Hills (Queens): 20 Ingram Street. Von 1974 bis 2017 gehört das Haus (zufällig) einer realen Familie mit Nachnamen Parker – und 2023 hilft Tochter Pamela Parker, heute Anfang 40, bei einer Ausstellung der vielen Briefe und Geschenke, die sie seit 1989 erhalten haben: *Dear Spider-Man*.

Der Jet, in dem die Avengers (seit *Avengers* #61, 1968) fliegen, heißt Quinjet, weil das Team damals fünf Mitglieder hat. Aktuell steht »Quin« für die Zahl der Antriebe/Turbinen.

Die Kinder von Matt Fraction und Kelly Sue DeConnick sind 2012 zwei und fünf Jahre alt. Clint (Hawkeye) wird in Fractions Comics oft flapsig »Hawkguy« (Falken-Typ) genannt. Weil das hilft, ihn von Kate Bishop (Hawkeye) zu unterscheiden – und weil Henry Fraction (5) damals denkt, sein Vater schreibe den Comic *Hawkguy*.

Clint, Tony und Spidey schauen in Fractions *Hawkeye* (2012) die TV-Serie *Dog Cops*. Fraction, geboren 1975, erklärt später auf Tumblr: Im Jahr 1999 war er alkoholkrank und fuhr zum Festival South by Southwest, um wahllos zu fragen, wer helfen könne, ein Trickfilmprojekt zu finanzieren. Doch weil er sich vor sich selbst ekelte und das Projekt der Gruppe nicht durch einen schlechten Pitch gefährden wollte, erzählte er Investor*innen lieber irgendwas von einer Fake-Serie, die er sich spontan überlegte: *Dog Cops*.

Ab *Amazing Adventures* #11 (1972) wächst Hank McCoy (Beast) ein Fell – anfangs grau koloriert. Doch weil das Fell mit blauem Schimmer interessanter wirkt, zeigt man es bald komplett blau. Hulk ist 1962 grau, verwandelt sich nur in der Nacht (statt wenn Bruce Banner wütend wird) und kann in Heft 3 fliegen. Heft 4 ›erklärt‹ (als Retcon): Es war kein Flug, sondern nur ein Super-Sprung. Und weil Grau je nach Druckqualität schnell grün wirkt, ist Hulk ab Heft 2 grün.

Dass russische Figuren Nat (Black Widow) »Romanoff« nennen statt »Romanova« (nur so ist es korrekt, als Nachname bei Frauen), fällt im Film *Black Widow* (2021) besonders störend auf. In Comics nutzt sie meist »Romanova«. Im MCU ist Nat 1984 geboren, und nur Arnim Zola nennt sie einmal förmlich »Natalia«. Auf Erde-616 ist sie 1928 geboren, und wer sie besonders gut kennt, sagt »Natalia« – anstelle der Koseform »Natasha«.

Das Team Invaders (oft mit Namor) kämpft ab 1941 gegen Nazis. Im Team Defenders kämpfen oft Namor, Doctor Strange und Hulk als Nicht-Freunde und Zweckgemeinschaft. Im Team Illuminati ziehen unter anderem Namor, Professor X und Reed Richards im Geheimen Fäden.

The Champions (17 Hefte ab 1975) zeigt unter anderem Hercules, Ghost Rider und Black Widow in Los Angeles. Comics ab 2016 nutzen »Champions« neu als Namen für ein Jugend-Team wie die Young Avengers. Das ›Jugend-Team‹ Runaways dagegen ist kein Team, sondern eine Notgemeinschaft und Ersatzfamilie – meist auf der Flucht und ohne Held*innen-Ambitionen.

Daredevils Mentor heißt Stick (Stock). Ein schwarzweißer Parodie-Comic aber zeigt statt Stick nur Splinter (Holzsplitter) und statt den Ninjas »The Hand« einen »Foot Clan«. Die radioaktive Masse, die Daredevils Kräfte erweckt, fließt hier bis in die Kanalisation und verstrahlt dort einige Tiere (die dann gegen Kang kämpfen, inspiriert von Marvels M.O.D.O.K.). Der kleine Comic, geschrieben, um sich über *Daredevil* lustig zu machen, heißt *Teenage Mutant Ninja Turtles* (Mirage Comics, 1984).

Im November 2016 wird Donald Trump US-Präsident. Schon *Spider-Gwen Annual* #1 (Juni 2016) zeigt Trump als M.O.D.A.A.K. (»Mental Organism Designed As America's King«). Auch Elon Musk wird online oft als M.O.D.O.K. dargestellt. Im Film *Iron Man 2* (2010) spielt sich Musk kurz selbst – er will Tony für einen Jet mit E-Antrieb begeistern.

»Mental« kann »psychotisch« heißen, doch auch neutral »geistig« – also ist Trump ein »Mentaler Organismus, geschaffen als Amerikas König«. In Comics ab 1967 will A.I.M. (ein Bündnis skrupelloser Forscher*innen: wie Hydra – doch für Wissenschaft) die Denkleistung von George Tarleton, einer Hilfskraft, optimieren (»Only For Computing«). Doch Georges Kopf schwillt an und er tötet, bis er zum A.I.M.-Chef (Scientist Supreme) wird: »Only for Killing.«

Doctor Doom ist Herrscher des fiktiven Staats Latveria, der auf Erde-616 nicht etwa bei Lettland (Latvia) liegt, sondern zwischen Ungarn, Serbien und Rumänien. Einwohner*innen: etwa 500 000. Hauptstadt: Doomstadt. Sehenswürdigkeiten: Schloss Doom. Feiertage: Weihnachten, Neujahr, Doom's Day.

Valeria Richards (geboren in *Fantastic Four* #54, 2002) ist brillant – und mag ihren »Onkel« Victor von Doom. Ihr höchstens zehn Jahre älterer Bruder Franklin (geboren in *Fantastic Four Annual* #6, 1968) ist kein Genie – doch er hat keinen Grund für Eifersucht: Franklin ist kreativ und fast allmächtig.

Sue Richards hat in *Fantastic Four* #266 (1984) eine Fehlgeburt. Viel später wird Franklin klar: Durch seine Kraft überlebt das nie geborene Kind – als Tochter von Sue und Victor, auf Erde-99315. Als sich diese fast erwachsene Valeria von Doom opfert (um Galactus zu retten), wünscht Franklin sie (in Heft #49, 2001) als Fötus neu zurück in seine Mutter.

Pietro (Quicksilver) hat die Tochter Luna – mit Inhuman Crystal: Medusas Schwester. Charles Xavier hat die Tochter Xandra – mit Lilandra, Majestrix der Shi'ar. Tony Stark und Emma Frost heiraten in Comics von 2023 zunächst nur als Allianz. In *X-Men Gold* #30 (2018) bricht Kate Pryde die Hochzeit mit Colossus ab – doch dann fragt Remy LeBeau (Gambit) spontan Rogue, ob sie sich trauen. Storm und T'Challa sind in Comics von 2006 bis 2012 verheiratet. Jean-Paul (Northstar) heiratet in *X-Men* #51 (2012) Kyle Jinadu. Teddy (Hulkling) und Wandas Sohn Billy (Wiccan) heiraten in *Empyre* #5 (2020).

Mar-Vell stirbt in Jim Starlins *The Death of Captain Marvel* an Krebs (plump erzählt – aber charmant gezeichnet, 1982). Destiny stirbt in Comics von 1989, darf jedoch 2008 kurz und 2021 (auf Krakoa) dauerhaft zurück. Gwen Stacy bleibt seit 1973 dauerhaft tot. Fans sagen lange: »Niemand bleibt tot außer Bucky, Onkel Ben und Jason Todd.« Doch dann kommen Jason (DC) und Bucky im selben Jahr zurück: 2005.

Wolverine kann kein Vampir werden – doch trinken Vampir*innen sein Blut, sind sie (kurz) gegen Sonnenlicht immun. Dracula macht Storm in Comics von 1982 zur Vampirin. Auf Erde-1298 (1998) und Erde-21710 (2017) wird Storm durch Dracula zu »Bloodstorm«.

2010 wird Jubilee zur Vampirin. 2013 adoptiert sie ein Waisenkind aus Ungarn. Ab 2018 ist sie zwar keine Vampirin mehr – doch 2020 wird klar, dass ihr Sohn Shogo jedes Mal zum lila Riesendrachen wird, wenn er die Dimension Otherworld betritt. Weil Magie bei Marvel oft planlos und beliebig wirkt, sind Fans gespannt auf *G.O.D.S.* (Ende 2023): Autor Jonathan Hickman will Regeln und Gründe für Magie bei Marvel neu zeigen und ordnen.

Die gehörlose Ballerina und Theatermacherin Maya Lopez (Echo) und Matt Murdock sind sehr verliebt. Autor David Mack zeigt im (charmanten, doch recht gestrigen) *Daredevil* #9 bis #15, 1999: Kingpin ist für Maya wie ein Vater. Dann sagt er ihr: »Dein leiblicher Vater? Den hat Daredevil erschossen.«

2003 ist David Mack Autor und Zeichner (!) von *Vision Quest* (*Daredevil* #51 bis #55): Mayas Identität als Indigene wird zwar recht klischeehaft gezeigt – doch künstlerisch und psychologisch viel reifer und interessanter als nur vier Jahre zuvor. Leider zeigt *Daredevil* zwar öfter Figuren mit Behinderung, doch zu oft wird diese Behinderung heroisch ›überwunden‹. Als Maya weiß, dass in Wahrheit Kingpin ihren Vater getötet hat, greift sie ihn an: Kingpin erblindet ... und ist geheilt, nach 31 Heften.

Nach vier Heften *DC vs. Marvel* und den *Amalgam Comics* (1996) soll Jennifer Walters (She-Hulk) für eine Weile im DC-Universum bleiben und J'onn J'onnz (Martian Manhunter: stark wie Superman, aber melancholisch, distanziert und darum oft mit witzig-smartem Blick) auf Erde-616. Doch weil so ein Tausch zu viel juristische Arbeit macht, verwerfen Marvel und DC den Plan.

In den Comics passt sich der Körper des Mutanten Darwin so schnell an, dass er alles überleben kann. Im Film *X-Men: First Class* (2011) stirbt die Schwarze Figur beim ersten Angriff. Medusa hat superstarkes Haar. Doch die Serie *Inhumans* (2017) muss den Effekt nicht oft teuer animieren: In Folge 1 rasiert Maximus ihren Kopf.

Sexspielzeug der australischen Firma Geeky Sex Toys ist von den Avengers inspiriert (und nicht von Marvel lizensiert): Die Toy-Serie »The Indulgers: Pleasure War« (2018) umfasst einen grünen Riesen-Dildo (»The Incredible Dong«), einen Masturbator im Vulva-Design mit Black Widows Logo (»Agent Getsmeoff«), Thors Hammer mit Dildo-Stiel (»Möan-Inir«), den pfeilförmigen Dildo »HawkAss«, die Buttplugs »Captain Anal« und »Arse Reactor« sowie die »Infinity Fist«, eine güldene, lebensgroße Silikonfaust.

Um Spideys Bewegungen zu überwachen, klemmt Kingpin ihm ein »elektronisches Radar-Gerät« ans Handgelenk (1977, im *Spider-Man*-Strip, den Tageszeitungen 1977 bis 2019 von Marvel lizensieren). Jack Love, Richter in New Mexico, meldet ein Patent an und erfindet die elektronische Fußfessel.

Wie stellen sich Fans einen Marvel-Redakteur vor, überlegt Stan Lee in den 60ern: mürrisch und gierig? Lee erfindet J. Jonah Jameson als Parodie auf sich selbst. In Comics von 2009 wird Jameson Bürgermeister von New York. 2017 regiert Kingpin (durch Wahlbetrug) die Stadt, 2022 Luke Cage. 2008 leitet Norman Osborn die Avengers als eine Art US-Sicherheitschef. 2000 wollen Lex Luthor (bei DC) und George W. Bush (im echten Leben) US-Präsident werden. Comics wie *Our Worlds at War* (kurz vor dem 11. September 2001) zeigen Konflikte, nah an Bushs späterem »War on Terror«.

1993 erfinden Autor Neil Gaiman und Zeichner Todd McFarlane den Engel Angela für *Spawn* – eine Heftreihe, die McFarlane gehört. Als McFarlane sagt, Angela sei eine Auftragsarbeit und nur er allein habe alle Rechte an der Figur, klagt Gaiman 2002. 2012 einigt man sich außergerichtlich. 2013 verkauft Gaiman die Figur an Marvel: Die Heldin ist lesbisch, Thors Halbschwester (Aldrif Odinsdottir) und stammt aus Heven – dem vergessenen zehnten der Neun Reiche (Midgard, Asgard, Helheim …).

DIE 10ER

Fürs US-Militär tötet Scharfschütze Chris Kyle über 160 Menschen. Der biografische Film *American Sniper* (2014) zeigt das Punisher-Logo (einen Totenkopf) immer wieder auf Kyles Ausrüstung und Waffen, denn der Soldat – 2013 wird er auf einem Schießstand von einem Fremden erschossen – war Fan der Figur: Kyles Einheit sprüht das Logo im Irak an Wände, und viele Fan-Artikel zu *American Sniper* sehen aus wie Fan-Artikel für den Punisher selbst. Weil auch Milizen, Sicherheitsdienste, die US-Polizei und Neonazis das Logo als Symbol für »Wir müssen uns brutal wehren!« verwenden, gibt Disney das Logo auf: In Comics ab 2022 zeigt Frank Castles schwarzes Shirt stattdessen einen Schädel, der an gehörnte japanische Oni-Dämonen erinnert.

Beim »Virginia Tech«-Amoklauf im April 2007 erschießt ein Student 32 Menschen auf dem Uni-Campus. Am nächsten Tag hat Lexi Alexander, Regisseurin von *Punisher: War Zone* (2008) ein Meeting, um den Film zu planen. Als sie im Zimmer des Amokläufers ein Punisher-Poster sieht, verschiebt sie das Meeting und schreibt die Waffen-Szenen im Film so um, dass niemand sie nachspielen kann – oder will. (Lexi Alexander ist Stuntfrau, Kampfkünstlerin und Regisseurin. Sie wächst in Mannheim auf, ihr Vater kommt aus Ramallah.)

Mockingbird-Autorin Chelsea Cain wird 2016 beschimpft, weil auf dem T-Shirt der Heldin »Ask me about my feminist Agenda« steht (etwa »Feminismus treibt mich an. Fragt mich dazu!«). Doch 2018 macht sich Cains Reihe *Man-Eaters* (Image Comics) über kritische Tweets von trans Menschen lustig. Auch John Byrne bloggt 2015, dass wir Menschen, die Sex mit Kindern wollten, »nicht entgegenkommen und sie nicht respektieren« (»We do not accomodate them, we do not respect them«), und fragt: »How is being ›transgender‹ different?«. Und erst ab 2024 (Zoe Terakes in der Serie *Ironheart*) gibt es sichtbare trans (Neben-)Rollen im MCU.

Weil der MINT-Bereich (Mathematik, Informatik, Naturwissenschaften, Technik) Frauen oft ausbremst und verdrängt, sind fast alle jungen neuen Marvel-Heldinnen talentiert und »inspirierend« genial: Lunella Lafayette (Moon Girl: solide Comics ab 2015), Riri Williams (Ironheart: toller Start 2016) und Nadezhda »Nadia« van Dyne (Wasp: kindgerecht und toll, ab 2016) sind Erfinderinnen. Doreen Green (Squirrel Girl: Figur von 1990, witzig-kluge Comics ab 2015) studiert Informatik. Kamala Khan (2014: Alle *Ms. Marvel*-Comics von G. Willow Wilson lohnen sich!) liebt Nerdkultur und macht in Comics ab 2022 ein Praktikum im Labor von Peter Parker und Harry Osborn. Cindy Moon (bisher am besten bei Autor Robbie Thompson: *Silk*, ab 2015) ist etwas älter und ›nur‹ Reporterin – doch hat ein fotografisches Gedächtnis.

»Leute wollen keine Diversity mehr – so wird uns das gesagt.« David Gabriel ist Vize-Leiter im Marvel-Vertrieb und sagt beim Marvel Retailer Summit 2017, die Zahlen machten klar: »Jede Figur, die divers ist, jede neue Figur, all unsere Frauenfiguren und alles, was keine zentrale Marvel-Figur ist [»a core Marvel character«] wird links liegen gelassen.« In zehn – recht faden – Heften *Generations* ab August 2017 treffen Legacy-Figuren darum durch Zeitreisen auf Altbekanntes: Jane Foster (Thor) trifft wieder mal Thor Odinson, Amadeus Cho (Hulk) wieder Bruce Banner (Hulk), Kamala Khan (Ms. Marvel) wieder Carol Danvers (Captain Marvel).

Anfang 2018 wird Stan Lee von einer Masseurin verklagt, die sagt, er habe bei einer Shiatsu-Massage ihren Fuß gepackt und an seinen Penis gerieben. Auch ein Comic-Macher sagt der Website BleedingCool anonym, dass seine Frau von Lee gepackt wurde. Schon Ende 2017 hört die rechte Boulevardzeitung *Daily Mail* von Lees Pflegedienst, er habe Pflegekräfte in seinem Haus um Oralsex gebeten und körperlich bedrängt. Lee stirbt am 12. November 2018 mit 95 Jahren. Die Masseurin lässt die Klage Wochen später fallen.

Kurz vor Stan Lees Tod wirft seine Tochter J. C. einem Vermögensverwalter vor, Geld veruntreut und in Lees Namen eine Wohnung gekauft zu haben. Nach vier Jahren einigen sich die Klägerin und der Verwalter außergerichtlich. Zwei lange Texte von 2018 – »The Last Days of Stan Lee« von David Hochman und der *New York Times*-Artikel »Is Stan Lee being held Prisoner by Real-Life Villains?« von Ben Widdicombe – werfen viele traurige Fragen auf über Lees Leben im Alter.

Der Punisher steht fürs Versagen von Rechtsstaat und Polizei – sagt Autor Gerry Conway und glaubt, niemand aus dem Staatsdienst solle die Figur feiern. An Punisher »soll sich zeigen, dass manche Bevölkerungsgruppen eben nicht darauf vertrauen können, dass Institutionen wie Polizei und Militär gerecht und fähig« mit ihnen umgehen. In Heft 13 (2019) sagt Frank zu zwei Cops mit Punisher-Sticker auf dem Streifenwagen, sie sollten lieber Captain America nacheifern. »Ihr habt geschworen, das Gesetz zu wahren. Ihr helft Menschen. Ich habe das vor langer Zeit aufgegeben.«

STAR WARS & LIZENZEN

Im Marvel-Imprint »Star Comics« (1984 bis 88) erscheinen Heftreihen für Kinder, unter anderem *Masters of the Universe*, *Muppet Babies* und *Graf Duckula*. Noch in den frühen 90er Jahren hat Marvel Reihen zu *ALF*, *Barbie* und *Captain Planet*. An Erde-616 werden diese Hefte nicht geknüpft.

Ende 1985 kündigt Marvel *The Young Astronauts* an – eine Trickserie auf CBS, dazu ein Kinder-Comic. Am 28. Januar 1986 explodiert das Space-Shuttle Challenger. CBS entscheidet, die Arbeit an der Serie einzustellen. Auch der Comic erscheint nie.

DC Comics verlegt bis heute Heftreihen zu den Looney Toons; und überraschend viele Reihen zu Scooby-Doo und anderen Hanna-Barbera-Figuren, deren Rechte Warner Bros. seit 1996 besitzt (von vielen gelobt: *Scooby-Doo Team-Up*, oft mit Figuren aus *Batman*). 1977 erscheinen Reihen wie *Yogi Bear*, *Scooby-Doo*, *Familie Feuerstein* noch bei Marvel.

»Dr McCoy!«, ruft Schwester Chapel auf der Enterprise. »Was?«, fragen Schiffsarzt Leonard McCoy und auch Dr. Hank McCoy (Beast) – im Comic *Star Trek/X-Men*, 1996. Im Roman *Planet X* (1998) trifft auch Captain Picards Enterprise auf die X-Men: Picard findet (genau wie Picard-Darsteller Patrick Stewart im echten Leben, der einige Jahre vorher fragt: »Warum bin ich da auf dem Cover eines Comics?«), Charles Xavier sähe ihm sehr ähnlich. (Erst kurz darauf wird Stewart tatsächlich als Professor X gecastet.)

Ab 1996 erscheinen 18 Monate lang viele *Star Trek*-Heftreihen bei Marvel. Doch Ende 1996 meldet Marvel Konkurs an – und spart 1997 radikal.

Ein Känguru auf Rädern, ein Delfin mit Robo-Armen und -Beinen, dazu ein Braunbär, ein Löwe und ein Falke (alle voller Kybernetik): *Brute Force* (vier Hefte, 1990) ist kein Lizenz-Comic, sondern soll Spielzeug-Firmen Lust machen, das Team als Figuren auf den Markt zu bringen. (Weibliche Tiere kommen nicht vor – auch nicht bei »Heavy Metal«, dem Schurken-Team.)

Marvels frommer Papst-Comic *The Life of Pope John Paul II* (1982) erscheint auch auf Deutsch. 1993 druckt Marvel (mit dem christlichen Thomas Nelson Publishing) acht streng christliche Comics, darunter drei Hefte *Illuminator* über Andrew aus Nashville (auf Erde-616), den Gott mächtiger macht, je stärker er glaubt.

Der Lizenz-Comic *League of Legends: Lux* (2019) ist klug und lesenswert. 2022/23 erscheinen nur Lizenz-Reihen zu *Alien*, *Predator* und *Planet der Affen*, bislang ohne viele Fans. Auch *Ultraman* (2020) ist kein Erfolg, doch weitere Erde-616-Comics über den Japaner Shin, der zum Robo-Riesen wird, sind geplant. Comics mit Disney-Figuren erscheinen vor allem bei Boom Studios, IDW und (als besondere, teure Alben) bei Fantagraphics – doch fast nie bei Marvel.

Louise Simonson hat ab 1981 als neue Autorin der *Star Wars*-Comicreihe (1977 bis 86) zwar viele Freiheiten – doch als ein Zweiteiler zeigen soll, wie das Imperium einen zweiten Todesstern baut, sagt Lucasfilm: »You can't do that. We can't tell you why, but you can't do it.« (»Wir können nicht verraten, warum. Doch das geht (für euch) nicht.«) So kann der Film *Die Rückkehr der Jedi-Ritter* 1983 mit einem zweiten Todesstern überraschen; und Simonson zeigt 1981 bloß eine riesige Station: die Tarkin.

1991 lehnt Marvel den *Star Wars*-Comic *Dark Empire* ab. Bis 2015 erscheinen alle weiteren *Star Wars*-Comics im Verlag Dark Horse.

Comics, Romane, Games und alle Details, Figuren und Infos, die nicht direkt aus *Star Wars*-Drehbüchern stammen, sind das »Star Wars Expanded Universe«. Doch 2015 – mit neuen *Star Wars*-Comics bei Marvel und dem Kinofilm *The Force Awakens* – zieht Disney einen Schnitt: Alles aus dem bisherigen Expanded Universe heißt nun »Star Wars Legends« und ist nicht mehr kanonisch. Darum sind Comics vor 2015 auf keinen Fall »wirklich passiert«. Doch Comics ab 2015 sind Canon.

Dr. Aphra ist pragmatisch wie Indiana Jones, lesbisch – und die zweite Hauptrolle in 24 tollen Heften *Darth Vader* (Autor: Kieron Gillen, 2015). Der grüne, hasenartige Jaxxon und der Cyborg Valance schaffen 2018 den Sprung aus Marvels Comics vor 1987 hinüber in den neuen Canon, 2021 auch die Hoojib: Schlappohr-Hasenwesen, die Energie aus Technik saugen. Marvels Agentin Lumiya und der Planet Zeltros (und seine lustbetonte Kultur) sind nicht mehr Canon (aber waren beliebt in »Legends«). Der Wookie Black Krrsantan aus Gillens *Darth Vader* #1 ist 2022 auch in der Serie *Das Buch von Boba Fett* zu sehen.

DIE 20ER

Ein Vogelkundler im Central Park sagt Amy Cooper, dass hier Leinenpflicht für Hunde herrscht. Als sie das ignoriert, filmt er sie. Doch Cooper ruft die Polizei und tut am Handy, als würde sie massiv bedroht. Der »Central Park Birdwatching Incident« (Mai 2020) bringt den filmenden Mann in Lebensgefahr: Was, wenn die Polizei eingreift und schießt? Der Mann heißt Christian Cooper, ist Schwarz und war ab 1992 der erste offen schwule Marvel-Redakteur (und manchmal -Autor).

Wer Marvel-Figuren erfindet oder zeichnet, arbeitet »for hire« (»als Auftragsarbeit«) für den Verlag. Nach 35 Jahren aber darf in den USA das Copyright an jeder Auftragsarbeit zurückgefordert werden. Als die Hinterbliebenen von Jack Kirby die Rechte an Kirbys Figuren fordern, geht der Fall 2014 bis an den Obersten Gerichtshof – und Stan Lee warnt seinen Bruder Larry, er dürfe auf keinen Fall zu Gunsten Kirbys aussagen. Bevor es zum Urteil kommt, einigt sich Disney außergerichtlich. 2023 zahlt Disney auch Larry Lieber und die Erb*innen von Gene Colan, Don Heck und Don Rico außergerichtlich aus. Steve Ditkos Erb*innen aber wollen bis in die höchste Instanz.

Prinz Namor trägt oft nur knappe grüne Shorts. Tenoch Huerta – Namor im MCU, geboren 1981 – nennt das Kostüm »Shame Shorts«, denn Huerta ist weniger durchtrainiert als viele vorige MCU-Stars. Marvel-Zeichner Mike Deodato (geboren 1963) twittert 2022 ein Foto seines eigenen nackten Rückens, »in better shape« (»besser in Form«), und nennt MCU-Namor »verhunzt« (»screwed up«). Deodato bekommt dafür auch viel rassistischen Applaus – von Menschen, die es hassen, dass Namors Reich in *Wakanda Forever* (2022) nicht Atlantis ist, sondern eine Weltmacht aus Mittelamerika: Talokan, voller Figuren of Color.

Autorin Leah Williams ist bi und zeigt im charmanten *X-Factor* (2020) Daken als »disaster bisexual« (ein Chaot) und Prodigy als »distinguished bisexual« (smart und ›respektabel‹). Autor Al Ewing bloggt 2021 über die Angst, dass jemand hinterfragt, ob er »überhaupt genug Erfahrung hat, um sich bi nennen zu dürfen«. Solches »Gatekeeping« (»Wir entscheiden, ob du dich qualifizierst!«) trifft oft auch Comic-Leserinnen – die hören: »Du tust, als wäre dir Marvel wichtig, damit dich coole Leute cool finden. Fake Geek Girl!« 2017 teilt Redakteurin Heather Antos ein Gruppenbild recht junger Leute aus der Marvel-Redaktion. »*Echte Fans* sehen ganz anders aus!«, gate-keepen *rechte* Fans.

Um das Intro von *Secret Invasion* (2023) unheimlicher wirken zu lassen, werden einige Bilder von künstlicher Intelligenz erzeugt. Verlieren Künstler*innen dadurch Jobs? Nur Wochen später (im Juli 2023) kündigt Marvel ein teures Steelbook zu *WandaVision* (2021) an: 89 Dollar, damit man sich die Serie auch ins Regal stellen kann. Doch anders als bei Blu-rays oder DVDs enthält das Steelbook keinen Datenträger (und auch keinen Download-Code): Die Serie selbst ist hier in keiner Form im Preis enthalten. Nur Tage später (Anfang August 2023) sagen Statist*innen, dass sie beim *WandaVision*-Dreh ohne Gage digital eingescannt wurden und glauben, dass Disney ihre Digital-Modelle jetzt unbegrenzt und ohne Honorar überall verwenden will.

Im Trailer zur TV-Serie *She-Hulk* (2022) wirken die digitalen Effekte so lieblos, dass Marvel verspricht, nachzubessern. Schon 2018 wird kritisiert, dass der finale Faustkampf in *Black Panther* künstlich wirkt – wie ein Prügel-Game mit animierten Modellen. 2016 erklärt Patrick H. Willems in einem Youtube-Essay anhand der Szenen am Flughafen Leipzig/Halle in *Civil War*: »Why do Marvel's Movies look kind of ugly?« Sorgt die IMAX-Kamera für die »irgendwie hässliche«, graue und flache Farbabstimmung im MCU?

Weil Effekt-Studios von Disney nur angeheuert werden, wenn sie möglichst preiswerte Angebote machen, werden Zeitdruck und Überstunden in solchen Agenturen meist nach unten durchgereicht – an überlastete »Pixel Workers«. 2023 sind darum die großen Kritikpunkte am MCU: Zu viele Schurk*innen sterben (anders als in den Comics) nach nur einem Auftritt. Zu viele Schauspieler*innen of Color spielen ›exotische‹ Aliens und ›magische‹ Wesen. Und wenn Details im MCU zunehmend lieblos aussehen, liegt es wohl oft an Disneys Druck und Deadlines – nicht daran, dass eine Effekt-Firma ›keine Lust hat‹.

Wer online sagen will »Ich verliere den Glauben an die Menschheit!«, zeigt oft ein Bild aus *Futurama* (2010), auf dem Professor Farnsworth seufzt: »I don't want to live on this planet anymore.« (»Auf diesem Planeten will ich nicht mehr leben« – sagt ein Greis mit eigenem Raumschiff.) In der MCU-Serie *Hawkeye* (2021) steht »Thanos was right« (»Thanos hatte Recht«) an einer Klo-Wand, und Clint trinkt aus einer Tasse mit dem Spruch. Beide Memes sind nihilistisch. Doch zwischen »Ich will weg« und »Die Hälfte aller Personen auslöschen? Gut so!« liegen Welten.

»Wakanda forever« klingt nationalistisch, und die schlechte Übersetzung »Wakanda über alles« klar faschistisch. Auch die Insel Krakoa wird ab 2019 zwar als Safer Space und Zuflucht gezeigt – doch sie braucht so viel Gatekeeping, Isolation, »Wir gegen die«, dass Kritiker David Harth 2022 erinnert: Krakoa sei ein »Ethnostaat, erbaut auf Geheimnissen und Lügen«, und Autor Jonathan Hickman habe bewusst »allem dort einen gruseligen Subtext aufgeladen«. Die Krakoa-Comics lieben es, immer neu zu fragen: Sind hier verfolgte Mutant*innen unter sich, in einem abgeschotteten Paradies? Im Ethno-Faschismus entscheiden Abschottung und Herkunft, wer zählt, wer nicht, wer über wem steht: »Krakoa is for Mutants« ist ein Satz, zerstörerisch wie »Deutschland den Deutschen«.

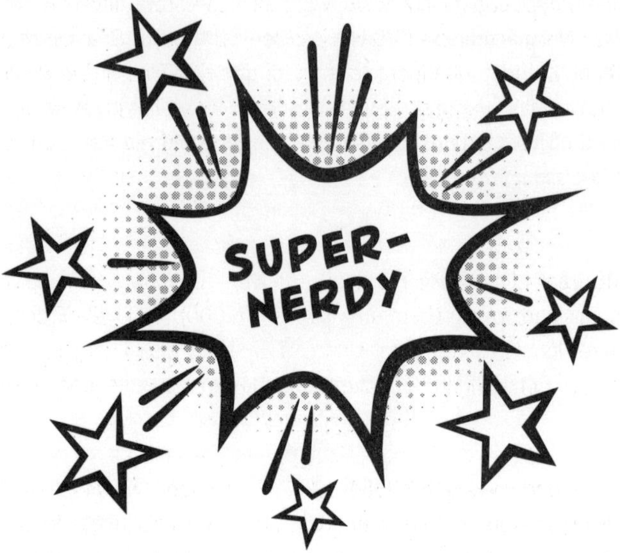
SUPER-
NERDY

In *Spider-Man/Deadpool* #12 (2016) wünscht sich Carol Danvers (Captain Marvel) zu Weihnachten die DVD von *Room*: ein Drama mit Brie Larson, die Carol im MCU spielt. Deadpool schenkt ihr den Kult-Thriller *The Room* – berühmt, weil alles daran schlecht und random wirkt. Tommy Wiseau, der (reale und oft verspottete) Regisseur, ist auf Erde-616 ein Alien, das sich nur als Regisseur tarnt.

Erde-616 trägt mittlerweile die Zahl Erde-611 – behaupten die Autoren Warren Ellis und Steven Grant ab *X-Man* #71 (2000), weil viele Erden mit niedrigerer Kennzahl vernichtet sind und Erde-616 jetzt ›aufrückt‹. Doch alle anderen Comics ignorieren die neue, über-komplizierte Idee einfach.

Spider-Man and Power Pack (1984) soll Kindern zeigen, wie man Hilfe findet, falls man sexualisierte Gewalt erfährt. Peter wird als junger Teenager beim Lernen vom blonden (oder grauhaarigen?) Steven Westcott nach Hause eingeladen (was dort passiert, wird nicht gezeigt). Ein jüngeres Kind namens Tony erlebt Gewalt durch die Babysitterin Judy.

Schon 1976 betont *Spider-Man vs. Prodigy* – ein Comic von Planned Parenthood – dass Verhütung wichtig ist. Der Text zu Homosexualität: »Das Aussehen und die Eigenarten einer Person sind keine Beweismittel für Homosexualität. Eine enge Freundschaft oder eine starke Anziehung zu einer Person des gleichen Geschlechts heißt nicht, dass du homosexuell bist oder jemals sein wirst.« (Wem soll dieser Text helfen?)

Schon in Krakoa-Comics von 2020 wirft Magneto Staaten wie den USA vor: »Right now, you people are institutionally teaching your children to rewrite and unlearn history.« Wie Politik Schulen und anderen Einrichtungen unter Strafe verbietet, über Vielfalt, Gender und Rassismus zu lehren, ist 2020 zwar bereits eine Sorge – doch wird erst 2022 durch brutale Gesetze von Viktor Orbán (Ungarn) und Ron DeSantis (Florida) weltweit zum Thema.

Phastos statt Hephaestus, Makkari statt Merkur, Ikaris statt Ikarus: Jack Kirbys *Eternals* (1976) zeigt, dass hinter Religion und Sagen in Wahrheit Aliens stecken, die fast vergessen sind (»The Greek storytellers never spell my name right«, seufzt Sersi über die Hexe Zirze – im antiken Griechenland wird Sersis Name falsch erinnert). Heute ›hinterfragen‹ rassistische Netflix-›Dokus‹ wie *Ancient Apocalypse* (2022) am liebsten alle Bauwerke, alle Kulturen und alles Wissen außerhalb Europas: Sind alte Hochkulturen in Wahrheit viel ›primitiver‹? Ist alles nur kopiert von einer vergessenen weißen Elite-Kultur – von Aliens oder aus Atlantis? Vorreiter ist der Schweizer Bestseller-Autor Erich von Däniken. *Chariots of the Gods* (1968: UFOs als »Streitwagen« von Gottheiten aus dem All) ist so wichtig für *Eternals*, dass Kirby die *Eternals* lieber *Return of the Gods* nennen will. Doch Marvel hat Angst, dass von Däniken klagt.

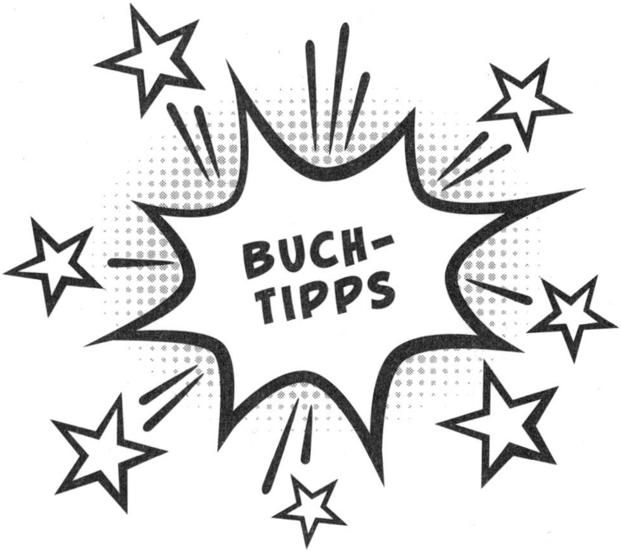
BUCH-
TIPPS

Nick Fury flüstert einen Satz in Thors Ohr – und Thor fühlt sich *unworthy* und kann den Hammer nicht mehr anheben. Liest man alle vorigen *Thor*-Comics von Autor Jason Aaron ab 2012, macht Furys Satz viel mehr Sinn und Spaß. Empfehlung!

Obwohl Nat in *Black Widow* (2020, nur Heft 1 bis 5 sind grandios) ihr ganzes Leben vergisst, nennt sie ihren Sohn Steve (wie Rogers) und ihre schwarze Katze Logan (wie Wolverine).

Zwölf poetische, kluge Hefte *The Vision* (2015) liefern unter anderem der TV-Serie *WandaVision* (2021) viele Ideen. Autor Tom King überzeugt auch bei DC mit je zwölf Heften *Mister Miracle* (2017) und *Strange Adventures* (2020) im selben Stil.

Toll ab acht Jahren: *Shuri & T'Challa: Into the Heartlands* (Text: Roseanne A. Brown, 2022). Toll schon ab sechs: *Double Trouble: Thor & Loki* (Text: Mariko Tamaki, 2021), *Double Trouble: Spider-Man & Venom* (dito, 2020) und besonders *Double Trouble: Peter Parker & Miles Morales* (Text: Vita Ayala, Mariko Tamaki, 2023). Toll ab vier und fast ohne Text/Worte: *It's Jeff* (Konzept: Kelly Thompson, 2023). *Shuri* ist gezeichnet von Dika Araújo, Natacha Bustos und Claudia Aguirre. Bei allen anderen Titeln zeichnen Gurihiru – zwei Japanerinnen, auch bekannt fürs tolle *Superman smashes the Klan* (DC 2019).

Auf Comic-Blogs sind komplizierte Crossover wie *A.X.E.: Judgement Day* oft gut bewertet: 8.5 von 10 Punkten, errechnet Comicbookroundup. Auf Goodreads, wo nicht vor allem Hardcore-Fans abstimmen, hat *A.X.E.* fade 3.67 von 5 Sternen – und die beliebteste Kritik sind zwei Sätze: »Confusing initially, then sort of eyebrow-raising, and then it turned out okay. Sort of like when I make dinner.« (»Erst verwirrend, dann mehr zum Stirnrunzeln, am Ende schon okay. Ziemlich so, wie wenn ich größer koche.«)

Marvel-Sammelbände ab 3.9 Sternen bei Goodreads lohnen sich meist. Wichtig: weil einzelne Hefte oft teurer sind und weil das Lesen besonders dicker Bände (über 200 Seiten, meist »Omnibus« genannt) viel Zeit kostet, wird beides – teure Hefte und zeitintensive Omnibus-Sammelbände – von Fans, die so viel Zeit und Geld investieren, oft irrational viel höher bewertet als dieselbe Geschichte im ›normal dicken, normal teuren‹ Sammelband.

Wichtig und überfällig: Das Heft *Marvel's Voices* (2020) zeigt Vielfalt bei Kreativen und Figuren. Seitdem erscheinen Sammelbände und Kurzcomic-Hefte zu indigenen (2020, 22: *Heritage*), Schwarzen (21, 22: *Legacy*), asiatischen (21, 22: *Identity*), queeren (21 bis 23: *Pride*) und Latinx (21: *Comunidades*) Figuren und Macher*innen – 2023 auch die Hefte *Spider-Verse*, *Wakanda* und *X-Men*. Die Hefte sind für alle Fans lesenswert – doch »zeigst du drei Schwarze Figuren«, seufzt Autor Dwayne McDuffie 2010 über die »Rule of Three«, »sagen alle: It's a Black Product«. Als wäre es dann nur für Schwarze Menschen relevant.

Squirrel Girl beats up the Marvel Universe (2016) ist genauso herzlich, gewitzt und einnehmend wie Heldin Doreen. *Squirrel Girl* #31 (2018) erzählt eine Zeitreise-Geschichte im Stil toller *Star Trek: The Next Generation*-Episoden. Der Kurzcomic *Welcome to the Wonderful World of Loki* aus Heft 26 bringt Loki klug auf den Punkt.

Seit *House of X/Powers of X* (2019) sind die X-Men-Heftreihen so verflochten, dass fast drei Jahre lang nicht nur jede Reihe später als Sammelband erscheint, sondern in den USA auch meist sechs Hefte verschiedener Reihen aus dem meist selben Monat auch als Komplett-Nachdruck-Reihe *The Krakoan Age*. Auch fade Krakoa-Reihen – wie von Tini Howard – sind im Gesamtbild deutlich besser.

Zwei erste, simple Sammelbände *Marauders* (2019) machen Lust auf Krakoa. Packend ist auch das Einzelheft *X-Men* #4 (2020: Magneto erklärt beim Weltwirtschaftsgipfel in Davos, wie Krakoa als Weltmacht kulturell und global Toleranz *erzwingen will*). *HoX/PoX* (2019) ist klug – doch recht trocken und verwirrend. Trotzdem unbedingt lesen: das Einzelheft zu Moira MacTaggert, *House of X* #2.

Thanos, Nova, die Guardians of the Galaxy? Ab 2004 frischt das Autoren-Duo Dan Abnett und Andy Lanning die »Marvel Cosmic«-Figuren auf. Beliebt sind alle Comics von *Annihilation* bis *Thanos Imperative* (2010).

Es ist nicht nötig, die Kosmologie – den genauen Aufbau der Marvel-Welten – exakt zu verstehen. Wer sich die Mühe machen will: Die Autoren Al Ewing und Mark Waid erklären trocken, hölzern – aber gründlich. (*The Ultimates*, ab 2016; *History of the Marvel Universe*, 2019.)

Als die Frau von Autor Dennis Hopeless schwanger wird, wird auch Jessica Drew (Spider-Woman) Mutter: alleinerziehend, via Samenspende. Alle Hopeless-Hefte (2014 bis 2017) machen Spaß.

Ab *Spider-Woman* #37 (1980) ist Jessica Drew Detektivin in San Francisco. Trotzdem will Marvel keine düstere Detektiv-Heftreihe zu Jessica. Darum erfindet Brian Michael Bendis für *Alias* (28 tolle Hefte ab 2001) eine alte Klassenkameradin von Peter Parker: Jessica Jones. 2004 endet *Alias* – auch, weil Marvel will, dass Spideys Umfeld weniger düster erzählt wird. Auch neue, düstere *Jessica Jones*-Comics (ab 2016: Bendis, dann Kelly Thompson, dann Gail Simone) sind lesenswert.

Besondere und besonders sorgfältige Hefte? *Ms. Marvel* #8 (2016) zeigt, wie Pakistan 1947 zum eigenen Staat wird. *Hawkeye* #19 (2014) zeigt viel Gebärdensprache, *Hawkeye* #11 (2013) Clints Welt aus Sicht eines Hundes, in Piktogrammen. *Captain America* #620 bis #624 (2011) zeigt Buckys Zeit in der Armee bis 1945.

Franklin Richards: Son of a Genius (2005) imitiert Look und Tonfall von *Calvin & Hobbes*. Comics mit Doctor Strange imitieren oft abstrakte Kunst: *Fall Sunrise* (2022, leider langweilig) erinnert an *Yellow Submarine*. Mike Allred zeichnet im Pop-Art-Stil von Andy Warhol – die Reihen *X-Statix* (Autor: Peter Milligan), *Silver Surfer* (Autor: Dan Slott) und besonders *FF* (Autor: Matt Fraction) sind sperrig, schrullig, toll.

George Pérez und Phil Jimenez (der Pérez als Vorbild sieht) sind Stars wegen sehr detaillierter Zeichnungen. Todd Nauck und Scott Koblish mögen Gruppen-Wimmelbilder – Koblish zeigt 700 Figuren für *Fantastic Four #700* (2023). Bob Layton zeichnet 2021 alle Iron-Man-Rüstungen im Poster-Format. Filya Bratukhin (auch bei DC) liebt hyper-filigrane Strichzeichnungen. Die *Kang's Chrono Crisis*-Poster von Ulises Fariñas zeigen Zeitschleifen und -risse. Fans von Retro-Looks loben *X-Men: Grand Design* (Ed Piskor, 2017) und die abgerockten Designs von Daniel Ray Johnson (*Beta Ray Bill*, 2021).

Alex Ross' Figuren sind oft altmodisch und etwas zu bunt. *Marvels* zeigt die Jahre 1939 bis 1974 auf Erde-616 aus Sicht des jüdischen Journalisten Phil Sheldon (1994, Text: Kurt Busiek). *Kingdom Come* zeigt das Älterwerden und die Kinder der DC-Figuren aus Sicht des katholischen Priesters Norman McKay (1996, Text: Mark Waid). Joe Jusko malt ähnlich wie Ross – doch viel greller.

Der ›fotorealistische‹ Stil durch Airbrush und digitale Effekte in *X-Force* (2008, Clayton Crayne) und *Wolverine vs. Blade* (2019, Dave Wilkins) ist Geschmackssache. Doch zum Stil von *Fallen Angels* (2019, Szymon Kudransky), *U.S. War Machine 2.0* (2003, Christian Moor, nach drei Heften vorzeitig beendet) und zur Art, wie John Romita jr. Figuren zeichnet (Köpfe wie Würfel, auf der Frontseite ein flächiges Gesicht) sagt kaum jemand etwas Positives.

Nur Koloristin Jordie Bellaire gewinnt 2023 einen Eisner-Award für Marvel. Chip Zdarsky gewinnt mit der gehässigen Reihe *Public Domain* (Image Comics) – über einen Konzern im Marvel-Stil, der einen älteren Zeichner abspeist, ausnutzt und bedroht, doch seine Figuren groß ins Kino bringt.

»Lore« (Überlieferungen) sind – vor allem in Fantasy und Games – meist Bonus-Texte, Dokumente und Hintergrundinfos, die eine Erzählwelt vertiefen: wichtig fürs World-Building (Weltenbau). Weil Jonathan Hickman Protokolle, Diagramme und Hard Sci-Fi (Science-Fiction voll mit ›harten‹ Fakten) liebt, haben alle Krakoa-Heftreihen ab 2019 zwei bis vier Seiten Text – mal theoretische Physik, mal Rezepte wie das Leibgericht von Mutant Glob: Laksa mit Ei.

Ein radioaktiver Leopard kratzt Billy Farmer, 13. Der britische Schwarzweiß-Comic *The Leopard from Lime Street* (1976 bis 85, beim Verlag des Comic-Magazins *2000 AD*) spielt in der Kleinstadt, zeigt kaum Figuren mit Kräften; und Billys Onkel ist nicht tot wie Onkel Ben, sondern schlägt Tante Joan: Im britischen »Kitchen Sink-Realismus« wird ab den 50er Jahren oft lieber das Geschirr in der Spüle genau gezeigt als ein ›schöner‹, sauberer Moment.

Der mexikanische Verlag La Prensa druckt zuerst nur Übersetzungen der US-Comics ins Spanische – doch als Gwen Stacy stirbt (1973), sind Fans in ganz Lateinamerika so enttäuscht, dass José Luis González Durán 45 neue monatliche Hefte zeichnet, in denen Gwen überlebt und Peter sogar heiratet: *El Sorprendente Hombre-Araña*, »Der überraschende Spider-Man«.

Recht aktuelle (Jugend-)Romane von Mackenzi Lee (Loki und Winter Soldier), Jason Reynolds (Miles Morales) und Nic Stone (Shuri) haben viele Fans. Schon 2006 schreibt Jim Butcher, berühmt für Romane über Zauber-Detektiv Harry Dresden, *Spider-Man: Darkest Hours*. Beliebt sind auch der Wolverine-Roman *Road of Bones* (David Mack, 2006) und drei *X-Men: Mutant Empire*-Romane (Christopher Golden, 1996/97). An Shannon Hales *Squirrel Girl*-Jugendbüchern (2017, 18) begeistert die super-lange Hörnchen-Namensliste in Band 1.

Über 30 Marvel-Romane bei Aconyte Books (ab 2020, darunter die »Women of Marvel«-Reihe und teils auch auf Deutsch) sind recht unbekannt, doch haben oft gute Kritiken – vor allem *Mockingbird*, *Outlaw*, *Black Cat* und der Latveria-Roman *Reign of the Devourer*.

Seit der überraschend guten Dystopie *Injustice* (DC, ab 2012) ist Australier Tom Taylor beliebt für rasante, zugängliche Reihen. 14 etwas zu simple Hefte *Friendly Neighborhood Spider-Man* (2019) zeigen Peters großes Herz und sein Single-Leben in Manhattan. Ab 2021 zeigt Taylors *Nightwing* (DC) das große Herz von Dick Grayson und Dicks Single-Leben in Blüdhaven.

Der Bildband *The Wakanda Files* (2020) zeigt Lore und Technik-Infos zum MCU. Oft werden solche Infos niemals Canon und von neuen Filmen schnell widerlegt. Die Textsammlung *Dreams of Wakanda* (2022) feiert Afrofuturismus und die Detailverliebtheit bei Black Panther. Peter Sandersons Bildband *Marvel Year by Year* (ab 2011) ist gebraucht oft billig erhältlich und toll zum Blättern.

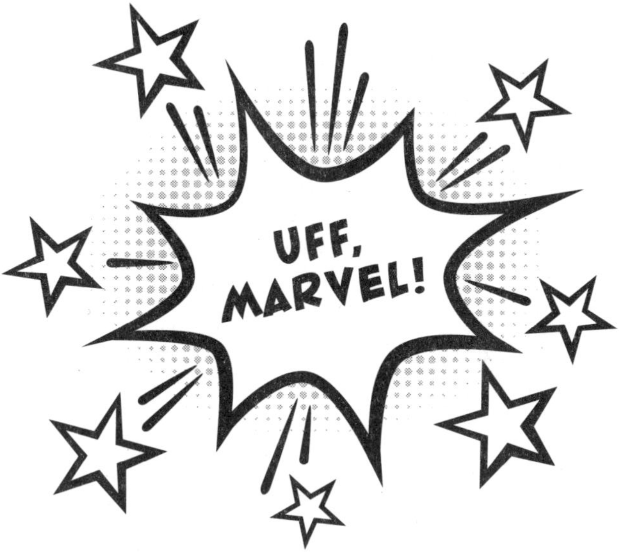
UFF,
MARVEL!

Weil C. B. Cebulski Japanisch spricht (und Mangas immer beliebter werden), soll er 2002 für Marvel als Talent-Scout Künstler*innen und Autor*innen finden. Stattdessen nennt er sich selbst »Akira Yoshida«, gibt Interviews voller Lügen und verdient heimlich Geld als ›authentisch japanischer‹ Comic-Autor bei Marvel und bei Dark Horse Comics.

Um Ian, einem Ex-Freund seiner Tochter, zu drohen, erfindet Autor Peter David für *Captain Marvel* #4 (2000) einen Ex namens Ian, der in einen Baum verwandelt und abgebrannt wird.

Peter Davids Ehefrau Myra ist Fan von Betty Ross – darum verspricht David, dass er keine Scheidung für Bruce Banner und Betty schreibt und Betty nicht sterben lässt. 1996 trennt sich Myra von ihm. In Davids *Hulk* #466 (1998) stirbt Betty; mit *Hulk* #467 enden Davids zwölf Jahre als *Hulk*-Autor.

Ein Bild-Hintergrund im Heft *Universe X: Spidey* (2000) zeigt ein Bücherregal. Auf die Buchrücken schreibt Autor und Redakteur Al Milgrom in winziger Schrift: »Bob Harras. Ha, Ha. He's gone! Good riddance to bad rubbish. He was a nasty S.O.B.« (»Bob Harras. Haha. Weg ist er! Um Müll ist es nie schade. Er war ein scheußlicher Hurensohn!«) Harras ist 1995 bis kurz vor Erscheinen des Hefts Milgroms Chef. Das Heft wird aus dem Handel genommen und neu gedruckt. Milgrom wird gefeuert.

Als etwa 40 Faschist*innen vor der Akademie protestieren (mit Plakaten wie »Kill all Muties« und »God will destroy you«), schickt Telepathin Emma Frost allen einen Orgasmus – sie fallen vor Erregung um. Im selben Heft verstecken Grant Morrison und Zeichner Ethan Van Sciver auf jeder Seite das Wort/den Schriftzug »SEX« (*New X-Men* #118, 2001).

Als sich die bösen »Riders of the Storm« – Figuren also, die »sich vom Sturm tragen lassen« und den Sturm damit meistern – umbenennen zu »Dark Riders«, schreibt Peter Sanderson in *Marvel Year In Review '93*: »Da hat sich Storm wohl beim Management beschwert.« (Weil Storm von niemandem ›geritten‹ werden will. Uff.)

Evangeline Lilly spielt im MCU Hope van Dyne (Wasp). Zur Vorbereitung liest sie *Irredeemable Ant-Man* (zwölf Hefte ab 2006) – und sagt in Interviews, es sei »Garbage« (Abfall). Autor Robert Kirkman zeigt den neuen Ant-Man (Eric O'Grady) absichtlich so egoistisch wie möglich: Eric schrumpft, um Carol Danvers nackt beim Duschen zu sehen. Die zynische Figur ist kein Erfolg.

Schauspieler Michael Peña (Scott Langs Kumpel Luis in *Ant-Man* 1 und 2) ist bei Scientology. Chris Pratt ist (wie auch Justin Bieber) in der evangelikalen Hillsong-Kirche, über die unter anderem Elliot Page sagt, sie sei brutalst queerfeindlich. Kelsey Grammer (Beast in *X-Men*) unterstützt Trump und will Schwangerschaftsabbrüche erschweren. Die Marvel-Autoren Chuck Dixon und Bill Willingham sind recht konservativ, Greg Hurrwitz ist libertär, Mark Millar unterstützt den Brexit, Orson Scott Card ist evangelikal/Mormone.

Ein *Namor*-Titelbild (Annual #3, 1993) zeigt Auftragsmörderin Mimeyoshi. Die Schriftzeichen auf ihrem Kimono, übersetzt: »Ich trage gerade keinen BH und keine Unterwäsche.«

Genau wie Sport- und Militär-Fans lieben Marvel-Fans oft Rankings und die Frage, wer welche andere Figur in welcher Hinsicht ›dominiert‹ oder ›zerstören kann‹. Den höchsten IQ haben (aufsteigend): Amadeus Cho, Hank McCoy (Beast), Doctor Doom, Tony Stark, Bruce Banner, Reed Richards.

Schwarze Helden wie T'Challa und Adam Brashear (Blue Marvel) werden in solchen Rankings oft vergessen oder wütend hinterfragt – noch öfter aber junge Frauen wie Shuri, Riri Williams und Reeds Tochter Valeria. Dass Lunella Lafayette (Moon Girl) als Schwarze Grundschülerin seit 2015 weiß, sie hat den höchsten IQ auf Erde-616, sehen rassistische Fans als leere Behauptung und Angriff auf ihre weißen Idole.

13 Hefte lang führt Monica Rambeau die Avengers. Doch Redakteur Mark Gruenwald verlangt, dass Autor Roger Stern so viele Fehler von ihr zeigt, dass alle froh sind, wenn Steve Rogers sie ersetzt. Monica ist die erste Schwarze Figur (und direkt nach Janet van Dyne, Anführerin von 1982 bis 87, auch erst die zweite Frau), die das Team leitet. Weil Stern sich weigert, Monica traurig unfähig zu zeigen, wird er – nach fünf Jahren als *Avengers*-Autor – gefeuert.

Als Marvel von Autor Don McGregor verlangt, in *Black Panther* mehr weiße Figuren zu zeigen, reist T'Challa nach Georgia und kämpft gegen den rassistischen Ku-Klux-Klan (Heft 19 bis 21, 1976). Auf Facebook schreibt McGregor circa 2018, »die Branche« habe ihn für diese Comics »teuer büßen lassen«.

Was Held*innen besonders macht, muss ein Comic zeigen – statt es nur zu behaupten. Wenn das superstarke Schulkind Molly den Punisher besiegt (*Runaways #26*, 2007) oder *Mary Jane & Black Cat* (2022) zeigt, dass die zwei allein in einer Nacht New Yorks Unterwelt stoppen konnten (aber nicht, wie das gelang!), rufen zu viele Fans sofort, das sei »Character Shilling« (unverdientes ›Hochjazzen‹), die Figuren seien OP (overpowered) oder ein unlogisch erfolgreiches »Mary Sue«-Klischee. Ein Vorwurf vieler Rechter: »MCU? Wohl eher: M-She-U!«

Warren Kremer zeichnet 1953 den Kinder-Millionär Richie Rich für Harvey Comics (Autor der Comics ist Verlagsgründer Richard Harvey). 1986 zeichnet Kremer für Marvel den superreichen Kinder-König Royal Roy. Harvey Comics verklagt Marvel – doch lässt die Klage fallen, als *Royal Roy* nach sechs Heften endet.

1977 ›klaut‹ Zeichner Dave Cockrum die Figuren, die er 1972 bis 74 bei DC in *Legion of Super-Heroes* zeigt, für die Shiar Imperial Guard bei Marvel: Figuren im fast selben Look, mit fast gleichen Kostümen. Auch Nightcrawler, Storm und Colossus sind von Cockrum ursprünglich als Legion-Mitglieder geplant, nicht als neue X-Men (ab 1975).

Ende 1993 druckt Marvel UK vier Hefte zur Heldin Plasmer (ein Wortspiel zu »Plasma«, Englisch »Plasm«). Schon ab Mitte 93 erscheinen bei Defiant Comics 14 Hefte *Plasm* (über eine Revolution auf dem Planeten Plasm). Defiant ist ein Projekt von Jim Shooter, Marvel-Chefredakteur von 1978 bis 87. Obwohl selbst das Gericht einen Prozess absurd und grundlos findet, klagt Marvel gegen Defiant – damit Shooter Zeit und Geld verliert. Defiant erhält zwar Recht, doch ist 1994 wirtschaftlich am Ende.

Stan Lees oft zitierter Ausspruch »Excelsior!« ist Latein. Lees Catch-Phrase ist die Steigerungsform von »excelsus« (erhaben, hervorragend) und bedeutet: noch höher, noch erhabener. (Lee sagt auf Englisch »ever upward!«, »Immer weiter!«). *Runaways* zeigt ein Team namens Excelsior – doch weil Lee das Wort markenrechtlich schützen ließ, hat Marvel solche Angst, von Lee verklagt zu werden, dass eine Heftreihe zum Team 2007 ganz anders heißt: *Loners*.

Weil man 12 Prozent Einfuhrsteuer auf den Import von »human action figures and toys« (Spielzeug also, das Menschen nachempfunden ist) zahlt, doch für nicht-menschliche Figuren nur 6,7 Prozent, zieht Marvel vor Gericht. »Diese Figuren sind Mutant*innen, keine Menschen«, sagt Toy Biz (damals Marvels Spielzeug-Abteilung) – und erhält 2003 Recht.

Monster wie Godzilla heißen »Kaiju«. Soldat Todd Ziller wird zum Godzilla-haften »American Kaiju« – und ruft YUUU! ESSSSS! AAYYY! Telford Porter kann teleportieren. Hurricane heißt bürgerlich Harry Kane, Rhino heißt Alex O'Hirn. F. A. Schist will einen Flughafen über den Sumpf von Man-Thing bauen – und die Reihe *Marvel Unleashed* zeigt Hunde-Figuren wie Lockjaw und Kate Bishops Lucky (Pizza Dog), »von der Leine gelassen«.

Flashy Namen wie *X-Calibre* (1995) statt *Excalibur* (1988) oder Sat-Yr-9 statt Saturnine zeigen meist: »Wir sind in einer martialischen Zukunft.« Doch besonders Anfang der 90er – Psynapse, Psi-Borg, X-Cutioner, Adam-X the X-Treme – denkt Marvel schnell, ultra-dark sei hyper-deep. Deathcry, Darkhawk, Hyperstorm, All-Black the Necro-Sword, das Darkchilde, Dethstryk (Meredeth Striker) und (schon 1974) der Sexist Mahkizmo. 1-fach pineLO!

Rawhide Kid (2003) zeigt einen eitlen, aber nichtssagenden Western-Helden: fünf Hefte beim Imprint »Marvel MAX« für Leute über 18. Nichts am Comic provoziert oder erschüttert. Kid zwinkert nur, dass er mit Frauen nichts anfangen kann. Das reicht, dass Marvel warnt: ab 18!

Curtis Doyle ist schwul und findet einen Ring, mit dem er fliegen kann. In drei Heften (2006) wird Curtis erst gelähmt, dann getötet: Freedom Ring soll nur zeigen, wie kurz ein Leben als Held*in sein kann. Erst durch enttäuschte Fans wird Autor Robert Kirkman klar: Sind queere Figuren selten, »töte ich mit so einer Idee ja gleich 25 Prozent der schwulen Gesichter in Marvels Comics«.

Iceman als schwuler Held mit eigener Heftreihe, ab 2017: Die *New York Times* bringt einen großen Artikel – doch nur, weil Autor Sina Grace aus eigenem Antrieb Pressearbeit macht. Dann fordert Marvel, dass Grace vor jedem Kontakt zu Medien fragt, ob Marvel das gestattet. »Von keinem Hetero-Kollegen wurde je verlangt, dass er im Verlag um Erlaubnis bittet, bevor er in Podcasts redet.« Nach 17 recht guten Heften *Iceman* hat Grace erst 2023 ein neues Marvel-Projekt: *Web of Spider-Bitch*.

Auf der Flucht vor Ultron rollt Bruce Banner in *Age of Ultron* (2015) von einem Tresen und fällt mit dem Gesicht voran zwischen Black Widows Brüste (Nat: »Jetzt werd mal nicht grün«, Regie und Drehbuch: Joss Whedon).

Für *Justice League* (2017) will Whedon die fast selbe Szene zwischen Flash und Wonder Woman. Darstellerin Gal Gadot weigert sich, wird aber durch ein Bodydouble ersetzt. Schon damals wird auch Whedons Fetisch für Frauenfüße verspottet. Wie systematisch Whedon Frauen ausbremst und einschüchtert, wird erst Ende 2017 durch seine Ex-Frau Kai Cole öffentlich.

Als ein Schwarzer College-Student Kate Pryde »Mutie« nennt, sagt sie das rassistische N-Wort: So wollen Kate und Marvel zeigen, dass auf Erde-616 beide Wörter gleich verletzend sind (*X-Men* #196, 1985). Die TV-Serie *Luke Cage* (2016) nutzt das Wort Hunderte Male (mit -a statt -er am Ende); auch im Soundtrack zu *Deadpool* singt DMX die Variante mit -a (2016).

Alex Summers (Havok) will nur »Alex« genannt werden – denn selbst das neutrale Wort »Mutant« ist für ihn (erklärt er auf einer eigenen Pressekonferenz in *Uncanny Avengers* #5, 2013) »das M-Wort«. Doch Gruppen, die gesellschaftlich marginalisiert (an den Rand gedrängt) werden, brauchen ein Wort, um sich sprachlich sichtbar zu machen: »Ich bin einfach ein Mensch« reicht nicht. Als Fans Alex' »Ich will kein Label für mich!«-Rede kritisieren, twittert Autor Rick Remender: »Wer sich davon verletzt fühlt, soll sich in der Pisse von Obdachlosen selbst ertränken.« Das sei »die einzige Lösung«.

Ein Virus aus der Zukunft, das nur Mutant*innen befällt, tötet Illyana Rasputin (Magik) in Comics von 1993: eine Metapher oder Anspielung auf AIDS. In *X-Men* #17 (2019) erschlagen vier Männer in einem Park Rahne Sinclair (Wolfsbane) aus Wut darüber, dass sie eine »Falle« oder »Attrappe« sei: eine Mutantin. Nach viel Kritik stimmt Autor Matthew Rosenberg zu, dass die Szene wirkt wie eine (taktlose) Metapher zur Gewalt gegen trans Frauen – und niemandem hilft.

Doctor Doom zeigt eine Schwäche? Nein – das war ein Doombot, nicht das Original. Squirrel Girl besiegt Thanos – oder doch nur einen Thanosi? *Original Sin* (2014) ›enthüllt‹: Nick Furys Kumpan Dum Dum Dugan ist in allen Comics ab 1965 durch eine Robo-Attrappe ersetzt – ein Life Model Decoy. Und wirkt eine Figur zu schwach oder zu fies, sagt Marvel oft viel später: Das war ein*e Skrull.

Zeigt eine Soap viele Jahre lang eine böse Frau, bekommt sie oft Kinder und wird für sie zur ›Löwin‹ und Matriarchin. Emma Frost ›reift‹ zur – dominanten, gerissenen, beschützenden – Schulleiterin: Bad Girls finden Macht und Einfluss und können (manchmal, spät) beweisen, dass sie solche Macht besser nutzen als die Patriarchen und ›anständigen Männer‹, von denen sie vorher jahrzehntelang zurechtgewiesen wurden.

Als Jean Grey seit fünf Monaten keinen Sex mehr mit Ehemann Scott Summers (Cyclops) will, bietet ihm Telepathin Emma eine »Beratung«. Statt Therapie aber erscheint Emma in Scotts Kopf und hat dort mit ihm ›diskreten‹, weil nur gedanklichen Sex (ab *New X-Men* #131, 2002).

Psychologe Michael Barnett will Carol Danvers heiraten – doch Mystique tötet ihn (1992). Wanda (Scarlet Witch) will Sex mit Simon Williams (Wonder Man) – und zwingt ihn durch Hexerei zum Stillhalten, während sie seinen Penis anfasst (*Avengers West Coast* #56, 1990).

Besonders ›Männerrechtler‹ sagen, Emma, Wanda, Mystique und – durch ihre Polizeistaat-Pläne im Comic *Civil War 2* – Carol hätten sich damit für immer disqualifiziert, »kommen mit zu viel durch« und sollten bestraft oder vernichtet werden.

In *Avengers* #213 (1981) hat Hank Pym einen Zusammenbruch. Er will, dass seine Frau Janet schweigt und gibt ihr eine Ohrfeige. Einerseits zeigt Marvel Hank seitdem immer wieder als Mann, der weiß: Ich muss an mir arbeiten, denn ich bin gewaltsam. Andererseits sagen Fans: Das war nur eine Szene, von Bob Hall zu dramatisch gezeichnet, der ›Ausrutscher‹ darf die tolle Figur nicht »ruinieren«.

Mutantin Marrow hat ihr Herz an eine Bombe gekoppelt: Um Menschen zu retten, muss Storm ihr das Herz aus der Brust reißen (*X-Men* #325, 1995). Monate später ist Marrow zurück: Sie hat zwei Herzen.

In einer möglichen Zukunft trifft Genis-Vell (Captain Marvel) seinen brutalen Sohn Ely-Vell. »Was hast du getan?«, fragt Ely, als er sich langsam auflöst. Noch hat Genis gar nichts getan – doch ihm wird klar, *was er tun kann*: Zurück in der Gegenwart erwürgt er das Kind im Babybett. Ein Tyrann, im Keim erstickt (Autor: Peter David, *Captain Marvel* #25, 2004).

In *West Coast Avengers* (1984 bis 94) sagt Anführer Clint Barton (Hawkeye) oft »Avengers don't kill« und hasst Selbstjustiz-Filme wie *Dirty Harry*. Doch die wichtigsten Heldinnen (Carol Danvers, Wonder Woman bei DC und ab circa 1983 auch Storm) finden es moralisch meist in Ordnung, im Notfall zu töten.

Von Bobbi Morse (Mockingbird) lässt Clint sich scheiden, weil ihm der Geist des Western-Schurken Phantom Rider sagt: Bobbi hat nicht verhindert, dass Rider in den Tod stürzt. Bobbis Grund dafür ist Clint nicht Grund genug: Rider setzte sie unter Drogen, um immer wieder mit ihr Sex zu haben. *Mockingbird* #8 (2016) macht alles schlimmer, indem Bobbi (ein Retcon von Autorin Chelsea Cain) sagt, der Sex war freiwillig: Sie hatte einfach Lust auf eine Affäre! Dass sie Rider danach in den Tod fallen lässt, wirkt monströs: Sexualisierte Gewalt, die Heldinnen angeblich ›stärker macht‹, kann man aus vielen Heldinnen-Biografien streichen. Aber doch nicht so!

Wie können Spider-Man, Wolverine und Daredevil verhindern, dass Frank Castle (Punisher) tötet? Gar nicht, ›erklärt‹ *Punisher* #37 (2003) höhnisch: Im Gefängnis, warnt Frank, würde er nur einfach weiter töten. Und töten die Helden ihn, geben sie ihm dadurch Recht bei seiner Idee, man sollte viele Menschen besser eben einfach vernichten.

Abolition heißt: Gefängnisse abschaffen. In *Sabretooth*-Comics ab 2022 zeigt Autor Victor LaValle zwar, dass Strafanstalten den Mächtigen helfen. Doch viele Mutanten auf Krakoa lieben sexualisierte Gewalt (Gorgon, Mastermind, Empath, Mister Sinister, Omega Red), und außer »warten, ob sie zuschlagen« und »falls sie zuschlagen: sie vom Wurzelwerk der Insel verschlucken lassen« hat Krakoas Regierung keine Strategie.

Dass die breite Masse auf Erde-616 trotz Kontakt zu Aliens, Gottheiten und vieler Genies kaum Super-Fortschritt macht, wird online unter dem Slogan »Reed Richards is useless« hinterfragt: Reed wird von Firmen bezahlt, utopische Produkte nie marktreif und zur Massenware zu machen, um keine Industriezweige zu ruinieren. Privat denkt Reed auch oft, die Menschheit sei »noch nicht bereit« – im Stil der »ersten Direktive« bei *Star Trek*: Innovation soll ohne Hilfe von außen kommen. Er selbst sieht sich nicht als Teil der Masse.

Nur eine Handvoll Reicher in einem Bunker in New York überlebt einen Atomkrieg. Im typisch hämisch-nihilistischen *Punisher: The End* (2004) erschießt Frank Castle alle im Bunker und lässt damit die Menschheit aussterben: Die Eliten »verdienen Strafe«, denn ihre Gier hat Schuld am Krieg.

›Normalos‹ und ›die breite Masse‹ sind bei Marvel meist intolerant, verführbar – Mobs ohne Verständnis: Das passt zu Marvels Monstercomic-Tradition. Institutionen sind keine Hilfe und oft im Weg. Das ist gut, weil sie hart kritisiert werden. Doch das ist schlecht, weil diese Kritik oft vage rechts ist. »Das System« ist bei Marvel fast immer kaputt und korrupt: Eliten, Schafe und sinnlose Behörden.

Deadpools ›Witze‹ und ›Sprüche‹ sind oft nicht machtkritisch oder subversiv – sondern treten nach unten. Könnte er wie Thanos via Fingerschnipp Personen vernichten, wären das: »Hipsters, Vegans, Meter Maids [Politessen] and Wolverine's mom.« Das sind für ihn »die Leute, die niemand mag und die niemand vermissen würde, falls sie verschwinden«. Klassenclown-Humor: gestrig und voller Ressentiments (Autor: Frank Tieri, 2020).

Schauspieler Chase Liefeld (Serie *Wolf Pack*) ist Sohn des Zeichners Rob Liefeld – der Füße oft nur in Stiefeln malt, die aussehen wie Tortenstücke, Keile oder das »en pointe« beim Ballett. Unter Fotos von Chase schreiben Marvel-Fans oft den ableistischen/behindertenfeindlichen Witz: »Hier war Rob Liefeld ausnahmsweise mal der Schöpfer von zwei anatomisch korrekten Füßen.«

TV Tropes sieht Doctor Doom als Gegenteil von Captain America: Cap will die USA und US-Werte verkörpern. Doom dagegen »formt eine Nation nach seinem Bilde«. Dass Menschen in Latveria den Diktator oft besser finden als alle anderen Staaten und Staatsformen, passt zum räudigen Menschenbild vieler Marvel-Comics – und zu rassistischen Klischees über den Balkan und Rumänien. Auch als Reed Richards Latveria übernimmt, ist den US-Autoren der Blick auf die Bevölkerung sichtlich egal (2003, ab *Fantastic Four* #503).

In *Avengers* #20 (1999) tötet Ultron alle Menschen im Ostsee-Staat Slorenia (der Norden von Litauen: 752 364 Personen) und legt aus den Leichen sein eigenes Gesicht aus.

Carol Danvers wird schwanger und bringt nach drei Tagen ein Kind zur Welt: Marcus, ein Sohn von Schurke Immortus, nutzt Carols Körper, um sich aus der Höllen-Welt Limbo hinaus nach Erde-616 gebären zu lassen. Dort wird er sofort erwachsen und sagt Carol, dass sie ihn liebt. Alle Avengers finden das romantisch. Carol verlässt das Team und beginnt mit ihrem Sohn/Partner ein neues Leben: *Avengers* #200, 1980.

Autor Tony Isabella stört 1974, dass es auf Erde-616 die Hölle und Dämon*innen gibt, doch keine Wundertaten des christlichen Gottes. Darum trifft Johnny Blaze (Ghost Rider) in Heft 9 einen Mann, der aussieht wie Jesus. Als Isabella ernsthaft zeigen will, wie sich Johnny mit Jesu Hilfe Gott als Diener verspricht, ändert Redakteur Jim Shooter den Text – und Isabella steigt als Autor aus. (Auch Frank Castle wird in vier unbeliebten *Punisher*-Heften 1998 vom Rächer ohne Kräfte zum Rache-Engel Gottes.)

Wer vom Tod nur knapp »gestreift« wird, erlebt »a brush with death«. Marlo Chandler wird in *Hulk* #398 (1992) erstochen, doch von Rick Jones neu belebt. Zur Hochzeit des Paars (Heft 418) kommt auch der Tod (gezeichnet wie in Neil Gaimans *Sandman*-Comics, DC) und schenkt Marlo eine Haarbürste – »a brush«. (2002 sind Marlo und Moondragon ein queeres Paar. Ab 2022 wird Marlo dann Deaths Nachfolgerin.)

1980 gestaltet George Pérez den Söldner Taskmaster für Marvel – und kurz darauf den Söldner Deathstroke (bürgerlich: Slade Wilson) für DC. 1991 gestaltet Rob Liefeld für Marvel den Söldner Deadpool – und Autor Fabian Nicieza findet es witzig, ihn Wade Wilson zu nennen. Bei DC gibt es schon ab 1950 den Söldner Deadshot, bei Marvel ab 1974 den zeitreisenden Cyborg-Soldaten Deathlok. Arnold Schwarzeneggers Film-Figur Terminator (1984) sieht Deathlok ähnlich. Deadpools und Deathstrokes Kostüme erinnern an das Outfit, das Deadshot seit 1977 trägt. Deathloks Beiname ist »the Demolisher«. Deathstrokes Beiname ist »the Terminator«.

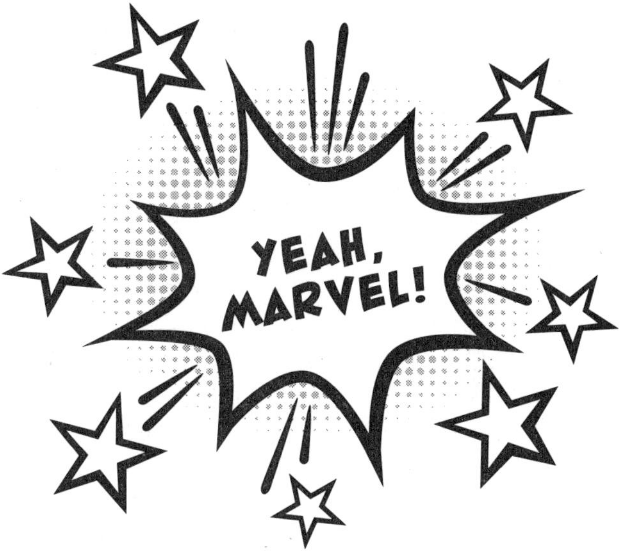
YEAH, MARVEL!

1998 wird nichts aus einem *Iron-Man*-Kinofilm – auch, weil Tom Cruise die Hauptrolle nur spielen will, falls Tonys Helm offen genug ist, um Cruises Gesicht gut zur Geltung zu bringen. Deadpools Gesicht ist voller Tumore – doch in *Deadpool* #37 (2000, Autor: Christopher Priest) zaubert ihm Loki das Gesicht von Star »Thom Cruz« ... als Strafe: Deadpool (und Loki) finden Cruz eitel und peinlich.

Weil Isaac Perlmutter (bis 2015 Chef der Marvel Studios) meist spart und Risiken umgeht, streckt Regisseur Jon Favreau bei *Iron Man* (2008) die Versicherung für Robert Downey Jr. aus eigener Kasse vor: Downey bekommt nur 500 000 Dollar Gage, das Drehbuch ist halbfertig, viele Szenen werden improvisiert und Downeys Versicherungsprämie ist hoch, weil alle fürchten, dass er Drogen nehmen könnte und den Dreh zum Scheitern bringt.

Mit 135 Millionen Dollar kostet der ›kleine‹ Film am Ende zwar doch nur 50 Millionen Dollar weniger als *The Dark Knight* (2008), doch spielt 585 Millionen ein – 50 Millionen mehr als der Batman-Film.

Weil Zeichnungen billiger sind als digitale Effekte und weil schon 50 000 verkaufte Hefte als Comic-Erfolg gelten, sind die Verlage Marvel und DC oft eine preiswerte »Research und Development«-Abteilung für die Konzerne Disney und Warner: Zeichner*innen und Autor*innen bringen recht schnell eine Figur und Ideen zu Papier. Kommt sie gut an, wird in teure Verfilmungen investiert – die viel mehr Leute(n) erreichen und gefallen müssen.

Damage Control #2 (1991) zeigt einen Kinofilm über die Firma. Auf Erde-616 hat sogar Doctor Doom Respekt vor Albert Clearys Sachlichkeit. Im Film aber trägt Cleary eine Krawatte, bedruckt mit einer nackten Frau, einen Anzug im stereotypen ›Zuhälter‹-Look, erzählt vom Leben im Ghetto und wird von Kingpin erwürgt (weil er als Schwarzer eh nur eine Nebenfigur ist). Autor Dwayne McDuffie (1962 bis 2011) kämpft lebenslang um Raum für klischeefreie Schwarze Figuren.

Jackie McGee ist Schwarz, 15 Jahre alt und kennt das »Angry Black Woman«-Klischee: »Wir leben in einer Männerwelt«, muss Hulk von ihr (in *Immortal Hulk* #11, 2019) dringend hören: Wenn weiße Männer, die an Unis waren, nur wütend schwafeln, brüllen, wüten, »Dinge platt machen [smash things], tut die Welt alles, um ihre Gründe besser zu verstehen«. Wer zeigt für Jackies Wut Verständnis?

Autor Al Ewing greift den Tweet »Ich hätte nie gedacht, dass Leoparden MEIN Gesicht fressen – weint eine Wählerin der Partei *Leoparden, die Gesichter fressen*« (Adrian Bott, 2015) im One-Shot *Defenders: The Best Defense* (2018) auf: Die Leoparden-Dämonen Borss (wie Boris Johnson) und Mog'Rys (wie Jacob Rees-Mogg) sind nach Brexit-Politikern benannt.

Stephanie Williams' Fan-Comic *Living Heroes* (Zeichnerin: O'Neill Jones, 2020) zeigt Misty Knight, Storm, Monica Rambeau und She-Hulk in einer WG im Stil der Schwarzen Sitcom *Living Single* (1993). Seit 2021 schreibt Williams Nubia-Geschichten für DC und Wakanda- und Moon-Girl-Comics für Marvel.

Sam Wilson (Captain America) glaubt in *Avengers* #1 (2015), dass News-Privatsender und Leute, die ihn via Handy filmen, alles, das er vor ihnen zeigt, als Material für ihr jeweiliges »Narrativ« übers Schwarz-Sein an sich reißen (»agenda-izing my every move into a racially-based narrative«): Als ihm eine weiße und eine Schwarze Pfadfinderin anbieten, Kekse zu kaufen – und sofort erste Wetten laufen, auf welche der zwei er zuerst eingeht – bietet er beiden lieber ein Selfie mit Tony Stark an.

Das McDonalds-M hat zwei goldene Bögen (Arches). Schon 1975 erlaubt sich *Avengers* #141 den Scherz: Statt Green Arrow (DC) hat Marvel den Bogenschützen Wyatt McDonald – Golden Archer!

Weil Doreen Green (Squirrel Girl) das Wort »Squirrel« fast wie das Wort »Girl« ausspricht, parodieren die Titel von zwölf Sammelbänden je einen Popsong und ersetzen »Girl« durch »Squirrel«: »Squirrels fall like Dominoes«, »Call your Squirrelfriend«, »I've been waiting for a Squirrel like you«.

Poetische Sammelband-Titel sind »Rage against the Dying of the Light« (*A-Force*), »Thunder in her Veins« (*Thor*) und »Time is the sharpest Edge« (*Savage Avengers*). Albern und toll: »Hoth Stuff« – ein *Star Wars*-Comic 1983 über die Eiswelt Hoth.

Hulk-Comics lieben Wortspiele wie »Smashgard« und »Smashtronaut«. *Venom* hat den Sammelband »Venomnibus«, *Spider-Gwen* den Venom-Band »Gwenom«. Captain America als Werwolf wird »Capwolf« genannt und Wandas »No more Mutants«-Zauber »Wandageddon«. »Finding Zemo« greift *Findet Nemo* auf … und »Invisible Woman has vanished« ist ein toller Titel, doch ein langweiliger Comic.

Figuren wie Bishop und Cable (Vorbild für Cables Look: Arnold Schwarzenegger in *Terminator*) kommen aus der Zukunft und gehen oft über Leichen – damit nichts eintritt, das sie verhindern wollen. Als Reed Richards im Comic *Civil War* (2007) immer faschistischer handelt, rettet Autor Dwayne McDuffie die Figur, indem er Reed erklären lässt: Er hat genial durchgerechnet, dass seine fiesen Taten eine schlimme Zukunft verhindern. »Mein Verhalten macht nur Sinn, weil ich aus der Zukunft komme oder Zukünfte berechnen kann« rettet Figuren oft – als vage, billige Erklärung.

Autorin Marjorie Liu denkt, Johnny Storm hatte Sex mit Daken. Oft reicht ein Tweet, ein Interview oder eine Andeutung, um konventionelle Figuren (die bislang zum Beispiel weiß, nicht-behindert und hetero sind) neu und diverser zu positionieren: Ist der Sex Canon? Ist Johnny subversiv *gequeert*?

1992 schreibt Quentin Tarantino spontan und ohne Auftrag ein Filmdrehbuch zum Silver Surfer. Die einzigen Marvel-Reihen, die er 2023 gern verfilmen würde, sind *Heroes for Hire* und *Sgt. Fury*. Auch Karen Gillan, Brie Larson und Hayley Atwell würden gern im MCU Regie führen. 2022 hat Regisseur Cameron Crowe (*Almost Famous*) Lust auf einen Film über Mutantin und Sängerin Dazzler. 2023 arbeitet Olivia Wilde an einem *Spider Woman*-Film für Sony.

Anfangs ist Professor X gezeichnet wie der russischstämmige Schauspieler Yul Brynner. Stephen Strange sieht aus wie Vincent Price, Dino Marinelli (*Sgt. Fury*) wie Dean Martin. Fans von Kit Connor (aus *Heartstopper*) hoffen, dass er im MCU Teddy Altman (Hulkling) spielen darf. Das »Fancasting« von Patrick Stewart (als Professor X) wird im Jahr 2000 wahr. Doch Donald Glover als Spider-Man oder Katee Sackhoff als Carol Danvers bleiben eine Fan-Phantasie.

Vance Astrovik bewundert die Avengers und gründet das junge Team New Warriors (1990, im Stil von DCs *Teen Titans*). Die muslimischen Figuren Dr. Faiza Hussain und Kamala Khan sind zuerst Fangirls ohne Kräfte – bald aber selbst Heldinnen (Captain Britain und Ms. Marvel). Parker Robbins ist Fanboy von Superschurk*innen und wird später The Hood.

Autor und Schauspieler Chris Colfer (*Glee*) liebt die X-Men. Pornostar Tanya Tate macht Marvel-Cosplay. Die MCU-Stars Simu Liu, Andrew Garfield, Rosario Dawson, Michael B. Jordan, Winston Duke, Jaimie Alexander und Tony Revolori lesen privat Marvel-Comics. Paul Giamatti und Ryan Reynolds sind Fan ihrer jeweiligen Figur (Rhino und Deadpool); Iman Vellani ist Fan von Robert Downey Jr. Auch Lance Reddick (verstorben 2023) las Marvel-Comics.

Als Laurence Fishburne für seine Tochter *Moon Girl*-Comics kauft und mit ihr liest, findet er die Figur so wichtig und gelungen, dass er Disney eine Trickserie (2023) vorschlägt und sie (mit-)produziert.

2019 fragt Autorin Gail Simone auf Twitter viele Accounts von Fast-Food-Ketten, ob sie Marvel oder DC besser finden. Die Kette Wendy's – die einzige mit einem Mädchen als Logo – wird beschimpft, sie hätte von Comics keine Ahnung. Wendy's empfiehlt *Saga* und schwärmt von Matt Fractions *Hawkeye* sowie von *The Vision* und sagt, beim ersten *Civil War*-Event (2006) sei sie »super-invested« (»voll dabei«) gewesen. Alles, was von Joe Madureira gezeichnet wird, mache sie nostalgisch, und: »Always love reading *X-Men*, and digging *Black Panther*.«

Der Eissturm (Roman von Rick Moody 1994, Film von Ang Lee 1997) spielt 1973. Paul Hood (Tobey Maguire) ist 16 und liebt *Fantastic Four*. Das Buch und die Verfilmung geben sich deutlich mehr Mühe, von Figuren und Identifikation zu erzählen, als das sonst typische kurz-nostalgische: »Wisst ihr noch? Unsere alten Comics damals?«

Peter Parkers Onkel Ben ist ein Dämon, regiert in der Hölle und lacht: »Mit großer Macht kommt gar keine Verantwortung!« – zeigt der Stinger eines MCU-Films, den die Simpsons im Kino sehen (2018, S29E13). Schon 2006 (S18E06) bellt Herausgeber J. Jonah Jameson, er brauche neue Fotos von Spider-Man. Doch Jameson leitet gar keine Tageszeitung – sondern eine Literaturzeitschrift für Poesie. »Dann eben Gedichte über Spider-Man!«

Im MCU ist Loki bisexuell (sagt Folge 3 von *Loki*, 2021), in Comics auch genderfluid. Um einen Hengst abzulenken, hat Loki in den Sagen (als Stute verwandelt) mit ihm Sex und trägt ein achtbeiniges Pferd aus. In Marvel-Fanfiction wird Loki so häufig schwanger, dass es dafür ein Extra-Label gibt: Lokipreg (statt Mpreg – das Label für Männer, die schwanger sind, aber nicht trans).

Der kindische, allmächtige Mr. Mxyzptlk (erfunden 1944) nervt am liebsten Superman. In *Superman* #50 (1990) nervt er in einer anderen, unbenannten Dimension ein Vierer-Team, das nicht namentlich genannt wird. Er sagt, er selbst sieht »je nach Welt« anders aus – und wird zu Impossible Man: dem allmächtigen, kindischen Alien, das seit *Fantastic Four* #11 (1963) gern Marvel-Figuren nervt.

Wolverine prahlt, wie viele Leute er tötet. Doch weil das nur in Sprechblasen steht (und nicht bildlich gezeigt wird) und weil Chefredakteur Jim Shooter die Comics nicht richtig liest, fällt im Verlag alles erst auf, als Zeichner John Byrne damit vor Fans prahlt. Autor Chris Claremont muss alle Toten zurückbringen: Er erfindet die Reavers, eine Gruppe aus Cyborgs (1988).

Isekai-Mangas zeigen alltägliche Figuren, gestrandet in Traum- und Märchenwelten. *Gwenpool* zeigt Marvel-Fan Gwen Poole, die aus der realen Welt auf Erde-616 strandet und dort das Vorwissen nutzt, das sie als Leserin der Comics hat. Die Figur entsteht, weil zwanzig Comics (die nichts mit der Figur Gwen Stacy zu tun haben) im Sommer 2015 als besonderes, seltenes »Variant Cover« Gwen Stacy und die jeweiligen Heftfiguren zeigen. Ein *Deadpool*-Heft mit Gwen im weiß-rosa Deadpool-Outfit hat genug Fans, um Ende 2015 Comics zu Gwen Poole zu starten (die das Outfit trägt, aber nichts mit Gwen Stacy zu tun hat).

Deadpool geht mit Figuren um wie Autor*innen, denen sie egal sind. Gwen wie ein Fan. In fünf Heften *Gwenpool Strikes Back* (2020, etwas schlechter als 29 grandiose *Gwenpool*-Hefte ab 2015) ist Gwen enttäuscht, weil Umfragen klar machen, dass sich ihre Comics besser verkaufen, je fieser sie alle behandelt.

Stephen Strange findet schlüssig, dass er im MCU von Benedict Cumberbatch gespielt wird: Er sieht die Realität, aus der Gwen nach Erde-616 gerissen wird, in *Gwenpool* #3, 2016.

»I control my narrative« ist oft eine feministische Idee: Wer sieht sich selbst als Haupt-, wer nur als Nebenrolle? Gwen weiß, dass sie in Comic-Heften lebt – doch weil sie in der Heftreihe zu Kate Bishops Team (*West Coast Avengers*, 2018) nur eine von vielen Figuren ist, will Autorin Kelly Thompson zeigen, wie Gwen begreift: Je mehr sie selbst im Fokus eines Hefts steht, desto mehr kann sie bewegen.

Apocalypse ist Sozialdarwinist: Er will, dass nur die Stärksten überleben. Sein junger Klon Evan (Genesis) wächst wie Superman auf einer Farm auf und will Schwache ermächtigen. Ein magischer Spiegel zeigt Evans Potenzial: Evans Zukunfts-Ich macht Superman-Posen in einem Superman-artigen Kostüm. Ein idealistischer Blick auf eine Figur, bisher als Tyrann erzählt.

»Soll Mutation geheilt werden?« ist eine Frage wie »Falls Homosexualität rein genetisch bedingt ist: Welche Staaten und Eltern wollen das Recht, sie aus dem Gen-Code zu löschen?«. 2004 zeigt *Astonishing X-Men* (Autor: Joss Whedon, nur die ersten zwölf Hefte lohnen sich) kurz erste Debatten, als die Ärztin Kavita Rao das Serum »Hope« anbietet: ein »Heilmittel« ... oder eine Waffe?

Iron Man: Sound Effects zeigt 2014 den gehörlosen Helden Blue Ear. Das Heft soll den vier Jahre alten Comic-Fan Anthony Smith ermutigen, Hörgeräte zu nutzen. Auch das Gratis-Heft *The Vitals: True Nurse Stories* (zu Covid-19, 2020) und der Impf-Comic *Avengers: Everyday Heroes* (von Pfizer und Biontech, 2022) setzen wichtige Signale.

Behinderte Figuren sollen in vielen Büchern, Filmen (und Gesellschaften) schnell entweder sterben (»erlöst werden«) oder »geheilt« werden. Nadia van Dyne (Wasp) will als Forscherin »alles in Ordnung bringen« (»Fix Everything«) – am besten gleich auch die CP-Lähmung einer Freundin, Taina. Zehn Hefte *The Unstoppable Wasp* Vol. 2 (2018) lassen Nadia verstehen: Sie selbst ist bipolar, hat eine manische Phase und kann zwar gern nach medizinischen Hilfen – nicht nur für Tainas Zerebralparese – suchen. Doch wichtiger ist oft, Barrieren im Alltag abzubauen und jeder Person Teilhabe zu ermöglichen.

Clint (Hawkeye) hilft es in *Deadpool vs. Hawkeye* (2014) sofort, dass Deadpool deutlich spricht und die Gesichtsmaske hochschiebt: Lippenlesen und Gebärdensprache – statt »Bring dich und dein Gehör in Ordnung. Deine Behinderung stört unsere Abläufe!«

Ab *Captain America* #117 (1969) wird Sozialarbeiter Sam Wilson (Falcon) Marvels erster Schwarzer US-Held. Heft #186 (1975) zeigt: Sam ist in Wahrheit der Mafiosi »Snap« Wilson und (ohne, das selbst zu wissen) ein Schläfer-Agent für Red Skull. Erst 2015 ändert Autor Rick Remender: Rassist Red Skull hat diese ›Wahrheit‹ mit einem kosmischen Würfel nur künstlich erzeugt – damit mehr Menschen denken »In Wahrheit sind viele Schwarze kriminell«.

»Meine Loyalität gilt nur einem: dem [amerikanischen] Traum« droht Steve Rogers schon in *Daredevil* #233 (1986): Cap »kämpft für die *Ideale* der USA – Freiheit, Demokratie, Gleichheit und Menschenrechte – statt für die US-Regierung«, lobt TV Tropes. Eine Figur für Regierungskritik statt für Hurrapatriotismus.

Als der Film-Titel *Avengers: Endgame* (2019) eingeblendet wird, klingt die Musik nicht wie bei den »Title Cards« voriger Filme: Weil Thanos die Hälfte allen Lebens ausgelöscht hat, spielt nur das halbe Orchester.

DC will Prestige und fragt (oft trocken, oft langweilig): Was macht Held*innentum aus? Marvel ist hastiger – und oft nur populistischer, bunt plakativer Ramsch. Marvel will zeitgemäß sein, nennt sich »House of Ideas«, will Trends abbilden und junge Ideen, die anderswo frisch wirken, schnell in die eigenen Comics holen und dort spiegeln. Als Paris Hilton beliebt wird und Zeichnungen von She-Hulk ihr plötzlich ähnlich sehen (2006), passt das zu Marvel. Als Lois Lane Jahre nach Beginn von *Akte X* (1993) kurz X-Agentin Scully ähnlich sieht, wirkt das nur peinlich (*Superman: End of the Century*, 1999) – und DC-unwürdig.

Die »Was bisher geschah«-Heftseite bei *Squirrel Girl* (2015) ist eine Twitter-Timeline. Vor allem Tony Stark twittert sich oft um Kopf und Kragen. Comics 2019 zeigen statt Skullcandy-Kopfhörern ein »Skrullcandy«-Logo. Die bösen U-Men sprechen 2022 peinlich lange über ihre Kryptowährung »U-Coin«.

Bei Marvel zählen Trends und Gegenwart. Jugendkultur und Mode. Freaks und Monster. Vielfalt, Melodrama, Flirts und Machtkritik. Cliquen und alberne Sprüche. Zweite Chancen. Underdogs, die sich neu erfinden und über sich hinauswachsen.

1979 hat Nicolas Coppola Angst, einzig als Neffe von Regisseur Francis Ford Coppola bekannt zu werden. Also nimmt er den Nachnamen einer Marvel-Figur an, die er liebt: Luke Cage (auch Komponist John Cage ist ihm ein Vorbild). 2007 und 2012 spielt Cage die Hauptrolle in zwei *Ghost Rider*-Filmen – und muss dafür sein Ghost-Rider-Tattoo überschminken. Cages zweiter Sohn, geboren 2005, heißt Kal-El: der kryptonische Name von Clark Kent (Superman).

Als ihre Haut zu Diamant mutiert, nennt sich Roxanne Washington (ihre Eltern sind Rap-Stars) »Bling!«, mit Ausrufezeichen – seit 1988 im Hip-Hop ein Begriff für protzig-funkelnd. Auch Marvel-Autor Elliot S! Maggin hat das Ausrufezeichen im Namen – und beides wirkt typisch für Marvel: gesucht »heutig«, plakativ, grell, gestrig.

Die Schreibweise »Elliot S! Maggin« ist erst nur ein Patzer, dann eine Machtgeste von Julius Schwartz (DC-Redakteur von 1944 bis 87): Als Maggin versehentlich »S!« schreibt, weist Schwartz die Druckerei an, den Namen nur noch so zu drucken.

Maggin muss damals dauernd und überall Ausrufezeichen statt Punkte setzen: Noch 1973 ist die Druckqualität so schlecht, dass ein Punkt oft nicht zu sehen ist. Darum endet fast jeder Satz in frühen Comics mit einem Ausrufezeichen! Oft sind es sogar zwei!!

WIR HABEN VIEL GELERNT AUS

Les Daniels: *Marvel: Five Fabulous Decades of the World's Greatest Comics* (Harry N. Abrams, 1993)

Sean Howe: *Marvel Comics: The Untold Story* (Harper, 2012)

Peter Sanderson: *Marvel Year by Year* (DK Publishing, 2013)

Roy Thomas: *75 Years of Marvel. From the Golden Age to the Silver Screen* (Taschen, 2014)

Carolyn Cocca: *Superwomen. Gender, Power, and Representation* (Bloomsbury Academic, 2016)

Frederick Luis Aldama: *Latinx Superheroes in Mainstream Comics* (University of Arizona Press, 2017)

Brian Cronin: *100 Things X-Men Fans should know and do before they die* (Triumph Books, 2018)

Tom Scioli: *Jack Kirby. The Epic Life of the King of Comics* (Ten Speed Graphic, 2020)

Jeffrey A. Brown: *Panthers, Hulks and Ironhearts: Marvel, Diversity and the 21st Century Superhero* (Rutgers University Press, 2021)

Monica Flegel, Judith Legatt: *Superhero Culture Wars: Politics, Marketing, and Social Justice* (Bloomsbury Academic, 2021)

Tara Bennett, Paul Terry: *The Story of Marvel Studios* (Abrams, 2021)

Abraham Riesman: *True Believer: The Rise and Fall of Stan Lee* (Crown, 2021)

Eliot Borenstein: *Marvel Comics in the 1970s: The World inside Your Head* (Cornell University Press, 2023)

... sowie den Websites TV Tropes, Women Write About Comics, The Mary Sue, Gay League: LGBT Comics Info, CBR.com, der Internet Movie Database (IMDb)

... und Fan Theory of Everything: ein Newsletter auf Deutsch, von Jonas Lübkert.

ÜBER DIE AUTOREN

Stefan Mesch empfiehlt Bücher, Serien und Comics bei Deutschlandfunk Kultur, Spiegel online und im Berliner Tagesspiegel. Er studierte Kreatives Schreiben und Kulturjournalismus in Hildesheim. Zusammen mit Lino Wirag übersetzte er Alan Coswills Handbuch *Marvel Avengers: Lexikon der Superhelden*.

Lino Wirag lebt als eierlegende Wollmilchsau in München und hat oft mehr Ideen, als nötig gewesen wären. Im riva Verlag erschienen bereits die Bücher *Du hast mir den Kopf fairtrade* (als Rolf Rugenwälder) und *Der Herr des Cringe* sowie der Spieleblock *Crazy Yatzi*.